이것만 알면 나도 발명왕

이 도서는 한국출판문화산업진흥원의 출판콘텐츠 창작 자금 지원 사업의 일환으로 국민체육진흥기금을 지원받아 제작되었습니다.

초판 1쇄 인쇄일	2018년 10월 5일
초판 1쇄 발행일	2018년 10월 10일

지은이	김호경
감수	문성환
일러스트	전필식
펴낸이	강창용
책임편집	이유희
디자인	가혜순
책임영업	최대현

펴낸곳	느낌이있는책, 하늘을 나는 코끼리
출판등록	1998년 5월 16일 제 10-1588
주소	경기도 고양시 일산동구 중앙로 1233 현대타운빌 1210호
전화	(代)031-932-7474
팩스	031-932-5962
이메일	feelbooks@naver.com

ISBN 979-11-6195-074-7   73500

* 책값은 뒤표지에 있습니다.   * 잘못된 책은 구입처에서 교환해 드립니다.

이 도서의 국립중앙도서관 출판예정도서목록(CIP)은 서지정보유통지원시스템 홈페이지(http://seoji.nl.go.kr)와 국가자료종합목록시스템(http://www.nl.go.kr/kolisnet)에서 이용하실 수 있습니다. (CIP제어번호 : CIP2018030446)

 하늘을 나는 코끼리는 느낌이있는책의 어린이책 브랜드입니다.

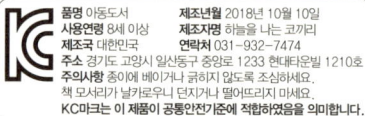

발견에서 특허까지

이것만 알면 나도 발명왕

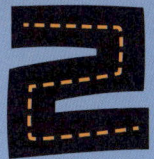

김호경 선생님 지음
문성환 교수님(서울교육대) 감수

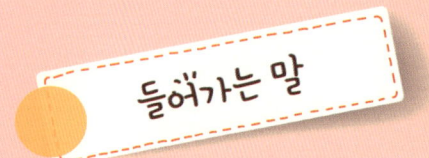

발명은 어린이들도 할 수 있어요

 이 글의 주인공인 민우는 초등학교 4학년 어린이예요. 평소 발명에 관심이 없었지만 발명에 관심이 많은 여동생 민지를 향한 질투로 발명을 시작하게 되었지요. 아빠와 엄마는 이런 민우를 기특하게 여기며 지원해 주세요. 아빠는 그간 발명에 관해서는 별 관심이 없으셨지만 민지와 민우가 발명에 관심을 두는 바람에 몰래 책을 보며 공부를 하고 계시지요. 엄마는 한때 발명가를 꿈꿨으며 민우에게 창의적 생각을 유도하는 예리한 질문을 던지신답니다. 그렇지만 절대 직접 도와주는 법은 없으세요. 내심 민우가 스스로 발명가가 되기를 바라고 있고 민우를 도와주기 위해 노력하시지요. 처음 민우는 발명에 대해 잘 알지 못했어요. 하지만 노력 끝에 멋진 발명을 해내지요. 또 특허를

내기 위한 출원 과정도 경험해요.

  이 책에는 각종 학생발명대회 수상작들과 실제 학생발명사례가 실려 있어요. 발명을 효율적으로 할 수 있는 방법과 특히 내는 방법 등 실제적인 부분까지도 고려하여 어린이들이 발명을 어른들만 하는 걸로 생각하지 않도록 하였답니다. 또 실내·외에서 부모님과 함께 놀면서 할 수 있는 다양한 발명 체험 내용도 삽입하여 함께하는 시간이 되도록 하였습니다.

  모쪼록 이 책을 읽는 어린이들이 발명을 친근하게 여기고 실제로 발명에 도전해 보았으면 하는 바람입니다.

지은이 **김호경**

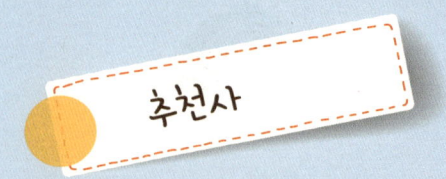

어린이 발명왕 탄생에 밑거름이 되기를

혹시 '알트슐러'라는 이름을 들어본 어린이가 있나요? 러시아의 과학자로, 열네 살 때부터 발명을 시작해서 열여섯 살 때 처음 특허를 냈지요. 그것 때문에 유명해졌느냐고요? 아니요. 이분이 유명해진 이유는 따로 있어요. 20만 건에 이르는 전 세계의 특허를 연구해서 그중에 창의적인 해결책을 담은 4만 건의 특허를 따로 뽑아 발명의 원리를 밝혀냈거든요. 이 책에는 그 알트슐러가 밝혀낸 발명의 원리가 고스란히 담겨 있답니다.

알트슐러는 열네 살 때 발명을 했고, 이 책에 등장하는 초등학교 4학년 민우 역시 엄마를 위한 수경재배 식탁을 발명해서 특허 출원까지 했지요. 그렇다면 여러분도 얼마든지 할 수 있지 않을까요? 이 책에 담겨 있는 발명 원리를 여러분의 생활 속에

끌어들여 불편한 것을 편리하게 만드는 방법을 연구해 보세요. 많은 사람이 행복해질 수 있답니다.

  발명품 경진대회에서 많은 우승 경험과 다수의 특허를 갖고 있으면서 여러 발명품 경진대회에서 학생들의 작품을 지도할 정도로 발명에 관한 한 누구보다 열정적인 김호경 선생님이 쓴 이 책이, 어린이 발명왕의 탄생에 든든한 밑거름이 될 것을 기대해 봅니다.

서울교육대학교 생활과학교육과 교수 **문성환**

차례

들어가는 말 발명은 어린이들도 할 수 있어요 … 4
추천사 어린이 발명왕 탄생에 밑거름이 되기를 … 6

1장 에디슨 씨, 발명이 뭐예요?

1. 발명이 뭐예요? … 12
2. 이런 것도 발명이라고요? … 14
3. 발명은 어른들만 하는 것 아니에요? … 16
4. 발명! 어떻게 해야 하나요? … 18

2장 발명! 나도 해 볼까?

1. 이것저것, 다 붙여 보자 … 28
2. 이것저것, 다 떼어 보자 … 36
3. 모양만 바꿔 보자 … 44
4. 크기만 바꿔 보자 … 52
5. 거꾸로 놓아 보자 … 59
6. 다른 용도로 써 보면? … 65
7. 따라 해 볼까? … 73
8. 재료만 살짝 바꿔서! … 81
9. 자연에서 찾아보자 … 89
10. 불편하면 불편할수록! … 96
11. 버려진 것도 다시 보자 … 104
12. 심리술사가 되자 … 112

 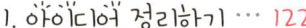

3장 이제 나도 발명가!
- 어린이 특허 내기

1. 아이디어 정리하기 ··· 122
2. 나만의 아이디어가 맞을까? ··· 127
3. 그림을 그려 보자 ··· 130
4. 설명서 만들고 자랑하기 ··· 132
5. 돌다리도 두드려 보고 건너자 ··· 133
6. 더욱 완벽하게 ··· 136
7. 마지막 정리하기 ··· 139
8. 특허출원하기! ··· 142
9. 출원 후 할 수 있는 일들 ··· 145

4장 호호샘, 도와주세요!
- 내 아이 발명가 만들기 프로젝트

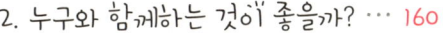

1. 내 아이 눈높이 찾기 ··· 154
2. 누구와 함께하는 것이 좋을까? ··· 160
3. 나무와 숲을 함께 바라보기 ··· 166

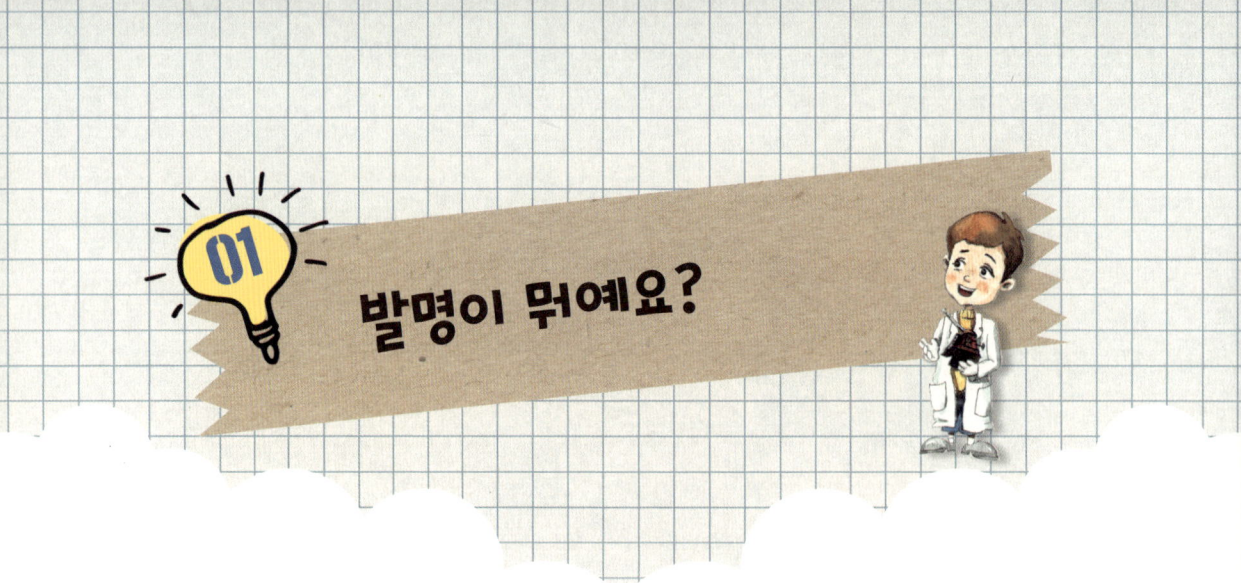

01 발명이 뭐예요?

발명은 언제나 우리 생활 가까이에 있답니다. 인간은 항상 발명과 함께해 왔어요. 지금도 발명이 계속되고 있고 앞으로도 발명은 끊임없이 계속될 거예요. 사람의 아이디어가 끝이 없기 때문이지요.

발명은 전에 없었던 물건 또는 새로운 방법을 만들어 낸다는 뜻이에요. 그런데 사실은 전에 없었던 물건만 말하는 것은 아니랍니다. 전에 있었던 물건을 살짝 바꾸기도 하고 여러 물건을 합치기도 해요. 아이디어도 어느 날 갑자기 '짠' 하고 나타나는 것이 아니에요. 이미 있었던 여러 아이디어가 머릿속을 맴돌다가 새로운 생각으로 만들어지는 거랍니다.

하나의 발명은 또 다른 발명을 만드는 씨앗이에요. 우리 인간의 과학기술은 그렇게 발전해 왔답니다. 렌즈를 여러 개 겹치면 멀리 있는 건물이 크게 보인다는 사실을 발견하고 망원경을 발명한 것처럼요. 지금 우리가 이렇게 편리한 생활을 누리는 것도 지난 세월 동안 수많은 연구를 한 위대한 발명가들 덕분이에요. 여러분도 그 발명가가 될 수 있어요. 우리의 미래를 위해, 여러분의 아이디어를 펼쳐 볼까요? 어쩌면 여러분 머릿속에 에디슨보다 더 위대한 발명 아이디어가 숨어 있을지도 몰라요!

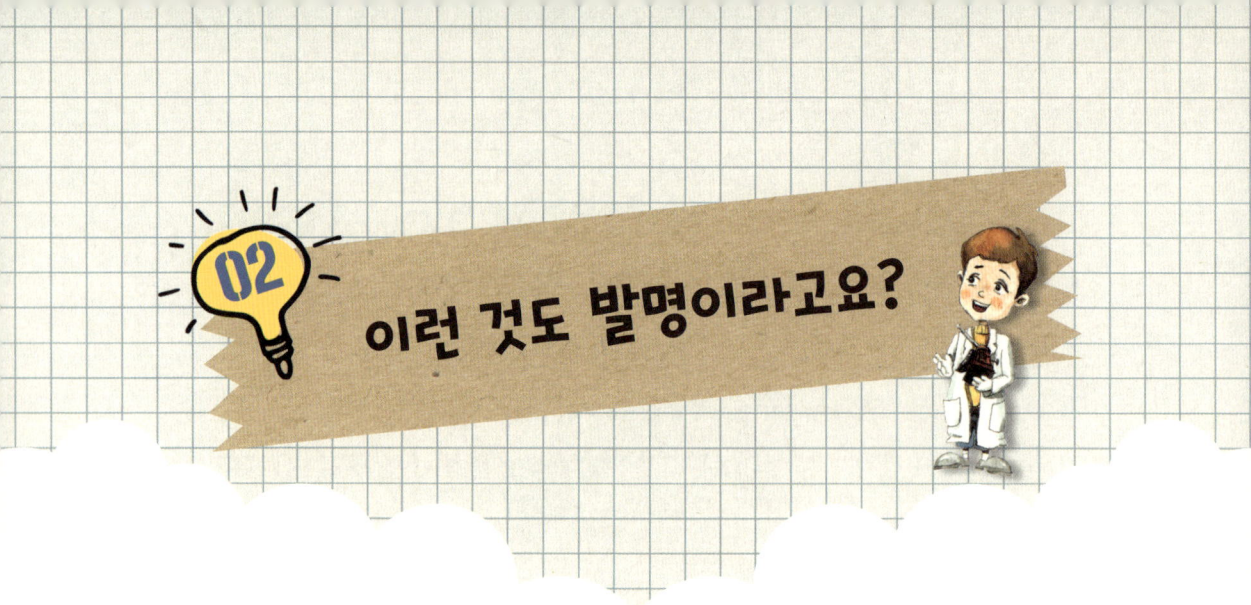

02 이런 것도 발명이라고요?

완전히 새로운 형태의 특허, 있던 것을 조금 바꾸거나 편리하게 만든 실용신안, 모양이나 디자인을 새롭게 한 의장까지 발명의 범위는 여러분이 생각하는 것보다 훨씬 더 넓어요. 색깔 하나만 바꾸는 것도 때에 따라 발명이 될 수 있답니다. 이거, 너무 쉬운 것 아니냐고요? 맞아요! 발명은 쉬운 거예요! 누구나 쉽게 할 수 있어요!

사용하던 물건을 다른 용도로 사용할 수 있도록 고쳐 만들어도 발명이 될 수 있어요. 예를 들어 빨대를 화분에 꽂아 식물이 넘어지지 않게 지지대로 사용하였는데 튼튼하고 편리하다면 그것도 발명이 되는 거랍니다. 또 사용하던 물건들끼리 합치거나 분해해도 발명이 돼요. 집에서 힘들게 청소를 하시던 한 아주머니는 뜨거운 물과 걸레, 청소기를 합쳐서 스팀 청소기를 만들었답니다. 간단하게 합치기를 한 아이디어였는데 사람들이 편리하게 사용하면서 불티나게 팔렸지요. 지금은 누구나 아는 한경희 청소기를 만드는 기업의 대표가 되셨답니다.

요즘은 디자인 발명에 많은 사람이 도전하고 있어요. 학용품이나 제품의 모양을 예쁘고 멋있게 만들면서 기능이나 편의성도 향상시키는 발명 등이죠. 그림을 그릴 수 있는 종이와 연필만 있다면 여러분도 할 수 있답니다! 새로운 모양, 재미있는 형태로 한 번 그려 보세요!

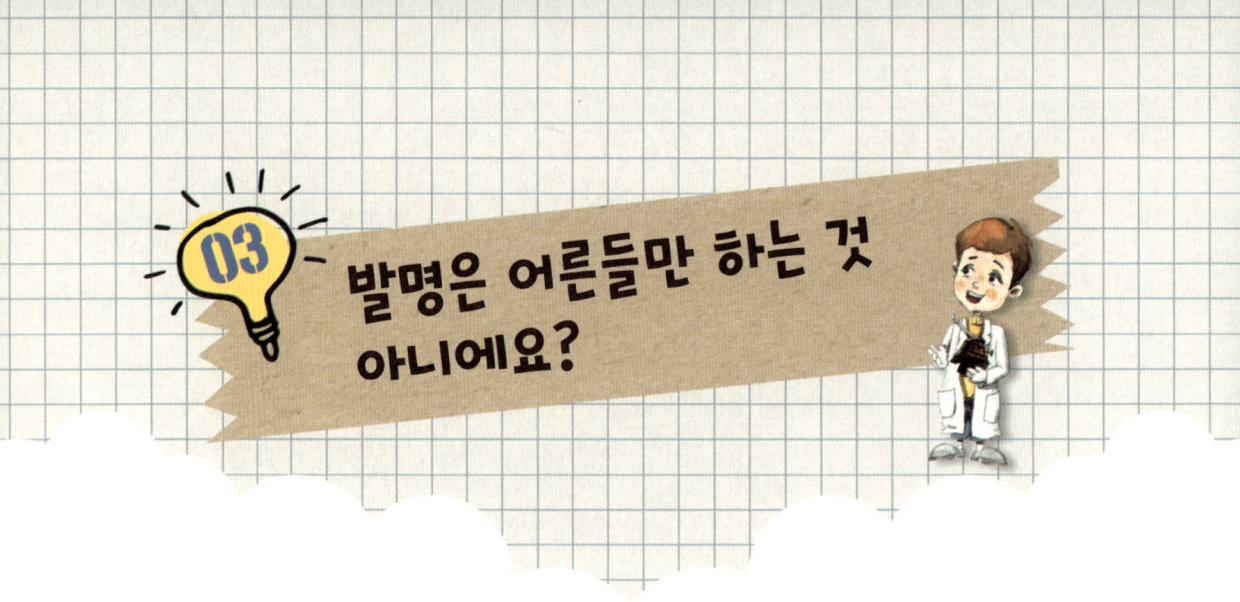

03 발명은 어른들만 하는 것 아니에요?

발명은 어른들만 하는 거라고요? 아니요! 발명은 어린이도 할 수 있답니다. 오히려 어린이의 발명이 더욱 참신하고 뛰어난 경우도 많이 있어요. 어린이의 생각은 어른들의 생각보다 훨씬 창의적이고 독특하기 때문이에요. 단지 실제로 사용이 가능한 아이디어인지 확인하는 과정과 법률적으로 특허를 내는 과정이 어린이들에게 낯설게 느껴진다는 문제가 있을 뿐이에요. 하지만 이런 문제는 걱정할 필요가 없답니다. 우리나라에서는 어린이들이 발명하는 데 어려움이 없도록 무료 상담, 특허 교육 등 여러 제도를 만들어 놓았어요. 조금의 관심만 있다면 어른들보다 더 쉽게 발명할 수 있어요.

뛰어난 발명가들은 대부분 어린 시절부터 발명을 시작했답니다. 어린 시절에 훌륭한 발명은 할 수 없었지만 그때의 경험이 큰 도움이 된

건 사실이에요. 어른이 되어서 발명을 할 수 있게 된 것이 아니라 어린 시절의 수많은 아이디어를 어른이 되어서 정리를 했을 뿐이에요.

그렇다면 똑똑하고 공부를 잘해야 발명할 수 있을까요? 땡! 이것도 틀렸어요. 발명은 공부를 잘하든 못하든 상관없어요. 누가 더 먼저 도전하고 누가 더 세상을 다양하게 바라보느냐의 차이일 뿐이에요.

먼저 도전하세요! 지금 이 글을 읽고 도전하는 여러분은 곧 누구보다 뛰어난 어린이 발명가가 될 거예요.

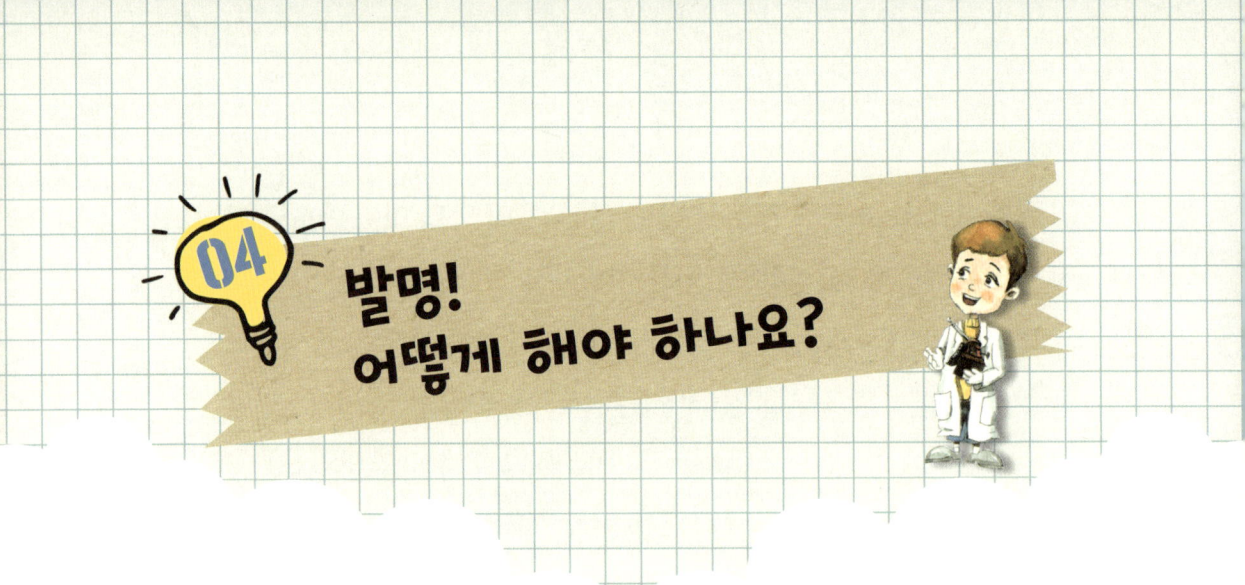

04 발명! 어떻게 해야 하나요?

발명을 하려면 몇 가지 습관을 들이는 게 좋습니다. 전혀 어렵지 않은 습관들을 소개할게요.

아주 사소한 생각이라도 메모하세요. 노트나 수첩이 없다면 찢어진 종이도 좋고 버려진 신문지도 좋아요. 기록할 수 있는 것이 있다면 어디든 내 생각을 기록해 두세요. 이것은 발명가들뿐만 아니라 성공한 모든 사람의 공통점이랍니다. 사람의 두뇌는 잊어버리기를 좋아해요. 어제 점심시간에 먹은 메뉴는 기억날지 몰라도 친구와 대화한 내용은 잘 기억나지 않아요. 아이디어도 마찬가지랍니다. 계속 기억할 것 같지만 내 기억에 남는 것은 100개 중 5개도 안 될 거예요. 메모하세요! 바로 지금이면 더욱 좋아요!

자료를 모으세요!

메모와 함께 자료를 모으는 것은 발명에 있어 매우 중요한 일이에요. 신문, 잡지, 전단지 등 무엇이든 상관없어요. 내가 발명하지 않았지만 관심 있는 분야의 획기적인 발명품이 있다면 자료 모음집을 만들어 한군데에 그 자료를 모아 두세요. 과학 원리가 실린 잡지의 일부분도 좋고 책을 읽다가 멋진 아이디어나 원리가 있다면 일단 메모하거나 모아 두세요. 당장은 필요 없을지 몰라도 반드시 멋진 발명의 열매로 다시 태어날 거예요.

자료를 모으는 것은 발명하는 데 있어 아주 중요하지.

발명에 필요한 자료들

제1장 에디슨 씨, 발명이 뭐예요? 19

발명노트를 만드세요!

발명만을 위한 노트를 만드세요. 생각날 때마다 꾸준히 해 두었던 메모를 정리하고 내 생각을 계속 기록할 수 있는 하나의 노트가 있으면 훨씬 좋답니다. 또, 발명할 때는 발명하게 된 동기와 이유, 목표, 구체적인 그림 등이 필요한데 노트가 있다면 꾸준히 기록한 결과를 그대로 사용하면 되겠죠?

그림을 그리세요!

그림을 못 그려도 상관없어요. 잘 그리든, 못 그리든 내가 나중에 알아볼 수 있을 정도면 OK! 생각을 글로 표현하는 것에는 한계가 있어요. 그림으로 그려놓으면 나중에 아이디어를 이해하기도 쉽고 더 좋은 아이디어를 내는 데에도 큰 도움이 된답니다. 생각만으로 발명을 할 수는 없어요. 직접 구상한 모양, 원리를 그려놓고 장단점을 분석해야 더 멋진 발명품을 탄생시킬 수 있어요.

마인드맵을 작성해요!

마인드맵은 사람의 머릿속을 깨끗하게 정리해 준답니다. 머릿속 여기저기 흩어져서 맴돌고 있는 생각들을 지도로 표시한 것과 같아요. 어려워 보인다고요? 한번 같이해 볼까요? 가족을 주제로 해 봅시다. 제일 가운데에 가족을 쓰고 주변에 무엇을 쓸까요? 우리 가족의 장점, 단점, 좋아하는 것, 싫어하는 것을 써 볼까요? 그리고 각각의 주제에서 또 줄기를 이어 나가 봅시다. 어느덧 종이 한 장이 가득 찰 거예요. 사소한 것도 마인드맵으로 연습하고 정리하면 발명뿐만 아니라 공부도 훨씬 잘할 수 있고 내 생활도 여유가 생긴답니다.

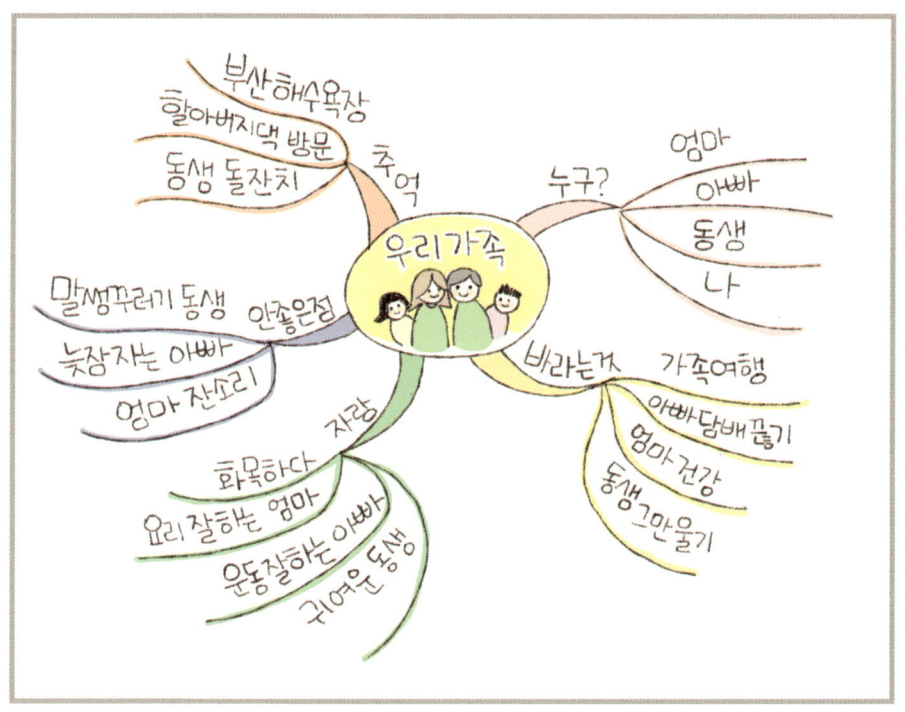

표를 만들어서 체크해요!

알렉스 오스본이라는 사람은 오랜 연구 끝에 많은 사람이 쉽게 아이디어를 만들어 낼 수 있도록 새로운 생각을 위한 9개의 체크리스트를 만들었어요. 한번 살펴볼까요?

체크리스트	나의 생각
새로운 용도는 없는가?	
응용은 불가능한가?	
수정해 보면 어떨까?	
커진다면?	
작아진다면?	
다른 것으로 바꾸어 볼까?	
바꾸어 본다면?	
거꾸로 한다면?	
합쳐 보면?	

아홉 가지 체크리스트를 책상 앞에 적어 놓고 시시때때로 생각해 보세요. 9개 중 단 1개라도 새로운 생각이 떠오른다면 놓치지 말고 바로 시작하세요. 그것이 바로 발명이에요!

이 밖에도 일본의 한 디자이너가 만든 만다라트도 좋은 아이디어 발상법이랍니다. 하나의 주제를 중심으로 그 주제를 둘러싸고 있는 칸을 채우다 보면 어느새 멋진 아이디어 노트가 완성될 거예요. 아래 예시는 만다라트 발상법을 이용해 자동 물주기 화분에 관하여 아이디어를 모아본 거예요.

센서 활용	물이 없으면 신호주기	물을 다시 주는 간격은?
타이머 콘센트	자동 물주기 화분	전기 연결
수중모터 사용?	디자인은 어떻게?	혹시, 더 불편해지지는 않을까?

책상에 가만히 앉아 있는 사람과 공원에서 뛰어노는 사람 중 누가 더 발명을 잘할까요? 아마도 공원에서 뛰어노는 사람일 거예요. 더 많이 경험하고 더

많이 느끼는 것은 발명의 재료를 모으는 것과 같답니다. 특히 자연은 가장 완벽한 발명품이에요. 자연을 관찰하고 탐구하면 그 속에 대단한 발명품들이 숨어 있다는 것을 알게 될 거예요. 또 주말에 집에서 텔레비전만 보지 말고 부모님과 가까운 곳으로 체험학습을 떠나세요. 우리가 알지 못하는 수많은 놀거리가 널려 있답니다. 더 크게 바라보고 더 많이 경험하는 것. 책상 앞에서는 할 수 없어요. 지금 당장 나가서 발명의 재료를 찾아보세요!

예전에는 인터넷, 컴퓨터, 스마트폰 등이 발달하지 않아 발명을 위한 자료를 찾는 것이 어려웠어요. 하지만 요즘은 모든 것이 손 안에서 가능해요. 심심할 때마다 발명품 관련 사이트에 접속해서 이런저런 자료를 찾다 보면 게임보다 훨씬 더 흥미로운 것들이 여러분을 찾아올 거예요. 도움이 될 만한 인터넷 사이트를 소개할게요.

- 특허정보검색서비스 www.kipris.or.kr (특허정보, 앱도 있어요.)
- 한국발명진흥회 www.kipa.org (발명교육 정보)
- 국립중앙과학관 www.science.go.kr (학생발명사례, 과학)
- 학생발명전시회 www.kosie.net (학생발명사례, 과학)

- 서울특별시과학전시관 www.ssp.re.kr (과학탐구 수상작)
- 특허청 발명교육센터 www.iec.kipo.go.kr (발명스쿨, 교육 등)

일러두기

〈발명가의 발명노트 엿보기〉는 국립중앙과학관에 등록된 발명품경진대회 출품서 등을 정리해 실은 것입니다. 어린이가 혼자 보기에는 다소 이해하기 어려울 수 있으니 부모님과 함께 읽어 주세요.

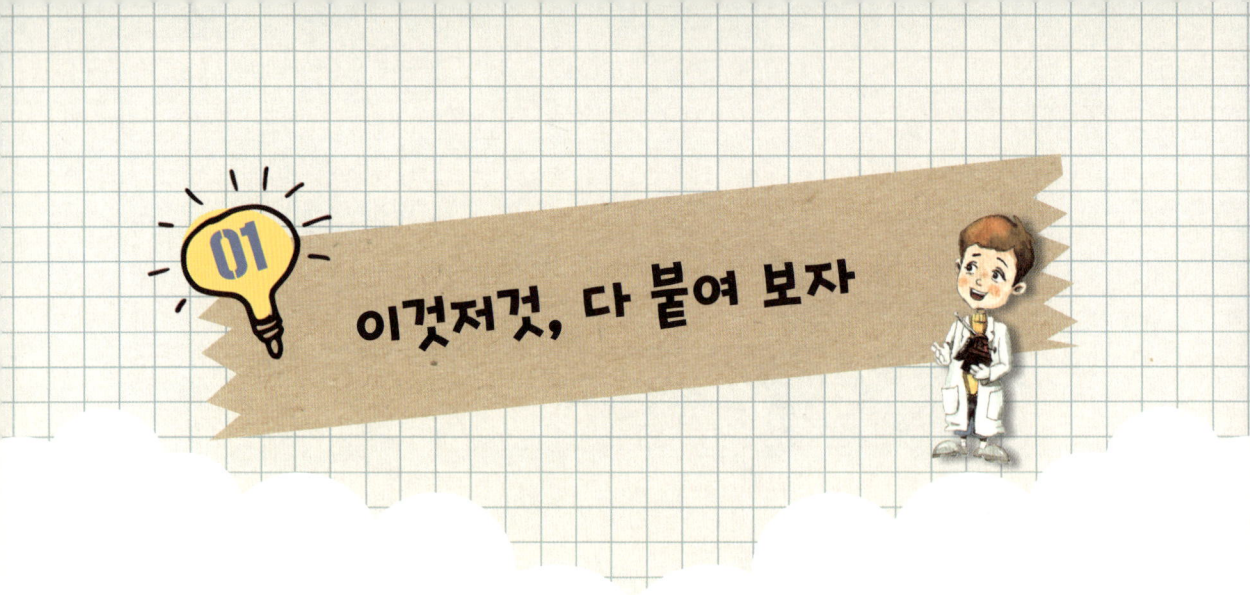

01 이것저것, 다 붙여 보자

"뭐? 민지가?"

민우가 깜짝 놀라며 말했어요. 엄마는 민지가 내민 상장을 보시며 빙그레 웃었어요.

"응, 오빠! 나 학교에서 개최한 아이디어 대회에서 은상 받았어! 선생님이 너무 잘했다고 칭찬해주셨어."

민우는 엄마 품에 안겨 칭찬을 받는 민지의 모습이 너무 얄밉고 부러웠어요.

"나도 열심히 했는데……."

민우는 어깨가 축 처져 방으로 들어갔어요.

'털썩!'

힘이 빠진 민우는 무거운 가방을 내려놓는 것도 잊은 채 그대로 침대에 누웠어요.

'내 아이디어가 민지보다 못했다니! 믿을 수가 없어!'

민우는 베개에 얼굴을 묻고 한숨만 내쉬었지요. 그때 갑자기 머릿속을 스치는 단어가 생각났어요.

'발명노트! 그래, 지금부터 발명노트를 써 보는 거야!'

벌떡 일어나 책장을 뒤지던 민우는 오래전 연습장으로 쓰던 두꺼운 노트를 집어 들었어요. 민우는 연필을 들고 책상에 앉아 뭔가 쓰기 시작했어요.

"민우의… 발명노트… 햇살초등학교 4학년… 김민우."

멋지게 표지를 장식한 민우는 골똘히 생각에 잠겼지만 아무것도 떠오르지 않았어요.

"민지가 발명노트를 쓰면 금방 아이디어가 떠오를 거라고 했는데……."

한참 동안 노트에 끄적끄적 낙서만 하던 민우는 연필을 탁 내려놓았어요.

"역시 난 발명에 소질이 없나 봐. 포기할래!"

민우는 얼굴을 잔뜩 찌푸리며 발명노트를 덮고 연필과 지우개를 주섬주섬 정리했어요. 그때였어요!

"아하! 내가 왜 이걸 생각하지 못했지? 야호!"

책상 위에 놓인 연필을 보고 민우가 소리쳤어요. 평소에 아무렇게나

쓰던 작은 연필이 오늘은 위대한 작품으로 보였어요.

"맞아, 연필 위에 달린 지우개! 지우개를 항상 따로 가지고 다녀야 해서 불편했던 거야! 그래서 연필과 지우개를 합쳤던 거구나!"

하나를 발견하고 나니 어두웠던 방에 불이 켜진 듯 주변이 새로워 보이기 시작했어요.

"그거였어. 삼색 볼펜도 세 가지 색 볼펜을 따로 쓰기가 불편해서 하나로 합친 것이고, 스마트폰도 카메라, 전화, 인터넷, 게임 등을 모

두 합친 거야!"

자신감이 생긴 민우는 뭔가 할 수 있을 것 같은 마음이 솟아났어요.

"좋아, 같이 있으면 편리한 것을 생각해 보는 거야!"

민우는 덮었던 노트를 펴고 연필을 쥐었어요. 손끝에서 느껴지는 연필의 감촉이 오늘은 왠지 더 좋았어요.

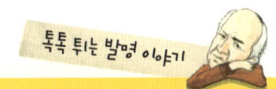

붕대와 반창고를 하나로!
밴드 반창고

1900년대 초, 외과 치료용 테이프를 만드는 회사에 다니던 어얼 딜슨은 자주 다치는 아내 때문에 고민이었어요. 요리를 하면서 부엌칼에 손을 베기 일쑤였거든요. 그럴 때마다 딜슨은 얼른 붕대와 반창고를 가져와 아내의 다친 손을 치료해 주었지요. 딜슨은 고민 끝에 자신이 만드는 치료용 테이프 가운데에 붕대를 조그맣게 잘라 붙였어요. 그리고 껍질을 씌워 자신이 집에 없을 때도 아내가 쉽게 상처를 치료할 수 있게 하였어요. 아내를 사랑하는 어얼 딜슨의 마음이 담긴 발명품이지요.

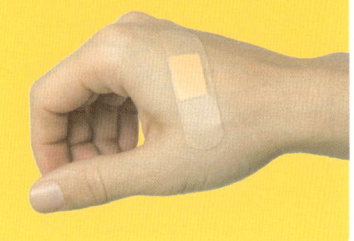

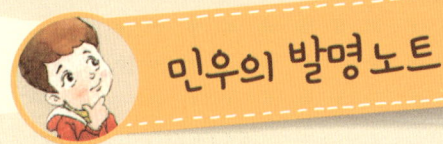

민우의 발명노트

방법 이것저것 다 붙여 봐.

빌려오기 지우개 달린 연필

생각하기 뭔가 합쳐 보면 될 것 같은데 아이디어가 잘 떠오르지 않는다. 일단 내 책상 위에 있는 것들을 합쳐 봐야지. 서로 친한 물건들끼리 정리하고 합쳐 보자!

시작하기
분류1: 가방, 필통, 보조주머니
분류2: 붓, 팔레트, 물통, 물감, 크레파스, 휴지
분류3: 연필, 지우개, 볼펜, 형광펜
분류4: 포스트잇, 공책, 스티커

분석하기 연필과 지우개처럼 친하지만 잃어버리기 쉬운 것은 무엇이 있을까? 그래! 포스트잇은 공책에 표시하려고 하면 꼭 없어지더라! 공책과 포스트잇을 합쳐 볼까?

스케치하기

반성하기	무조건 합치는 것만으로 발명이 되는 것은 아닌 것 같다. 사람들의 생활을 편리하게 해주어야 하고 만들기도 쉬워야 한다. 어떻게 하면 내 아이디어를 더 발전시킬 수 있을까?

에디슨 씨의 톡! 쏘는 한마디

친한 물건들을 합쳐 보는 것은 오래전부터 써 오던 방법이지만 지금도 가장 많이 쓰이는 발명의 기본이랍니다. 사용할 때는 꼭 둘이 붙어 다녀야 하는데도 떨어져 있는 친한 친구들을 함께 묶어 주세요. 아주 간단하지만 그렇다고 누구나 쉽게 생각할 수 있는 방법은 아니에요. 아무거나 붙이고 묶는다고 해서 다 발명이 되는 건 아니겠지요? 몇 가지 원칙만 지키면 여러분도 금방 할 수 있답니다.

1 서로 관련이 있는 친한 물건이어야 해요.
하나를 사용할 때, 다른 하나가 꼭 필요해요. 필요가 없는데 붙어 있다면 더 불편하겠죠?

2 크기가 커져서는 안 돼요.
연필에 커다란 지우개를 테이프로 감아 두었다면 어떠했을까요? 아마 사람들이 불편해서 사용하지 않았을 거예요. 지우개는 가끔 사용하니까 작게 만들어도 돼요. 연필 위에 작은 지우개를 살짝 붙여 주니 전혀 불편함이 없죠?

3 합쳤을 때 더 불편하다면 발명이 아니죠.
서로 필요해서 합쳤는데 무게가 무거워진다거나 사용할 때 걸리적거린다면 어떨까요? 너무 힘들어서 사람들은 차라리 떼어버리고 싶을지도 몰라요!

4 사용법이 간단해야 해요.
연필 속에 지우개를 숨겨뒀다가 필요할 때 꺼내쓰게 했다면 어땠을까요? 엄청 불편했을 거예요. 지우고 싶을 때 얼른 후다닥 지우고 싶은 마음! 여러분도 같은 마음이죠?

발명가의 발명노트 엿보기

미니지구(어항 + 화분)

어항도 관찰하고 싶고, 화분도 관찰하고 싶었다. 그런데 따로 두기에는 귀찮고 아까웠다. 둘 다 '물'이라는 것을 쓰는 공통점을 찾아 합쳐 보았다.

* '생태계 순환원리 교육용 미니 학습교구'
* 특허출원번호: 10-2014-0080906

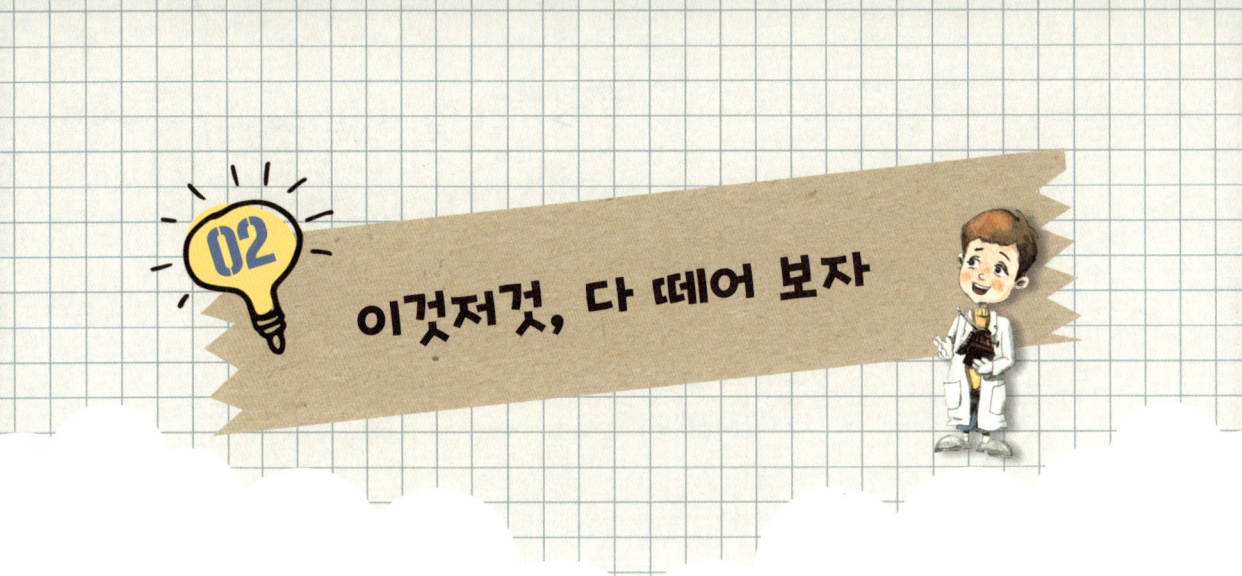

02 이것저것, 다 떼어 보자

"윙~."

민우는 아침부터 시끄럽게 울리는 청소기 소리에 잠이 깼어요.

"민우야, 일어나야지. 오늘은 엄마랑 대청소하는 날이야!"

"에이, 귀찮은데……."

민우는 툴툴거리면서도 반쯤 감긴 눈을 비비며 일어났어요. 눈을 뜨자 지저분한 민우의 방이 보였어요. 평소에 발명을 하겠다며 이런저런 물건들을 가져다가 흩어놓았기 때문이에요.

'그래, 오늘은 엄마를 도와서 청소를 해야겠어!'

왠지 이 방을 깨끗하게 청소하고 나면 새로운 아이디어가 떠오를 것 같아요.

"엄마, 청소기는 제가 돌릴게요!"

먼지를 쏙쏙 빨아들이는 청소기가 재미있어 보였는지 민우는 엄마의 청소기를 달라고 졸랐어요.

"한번 해볼래? 그럼 엄마는 걸레로 바닥을 닦을게."

"구석구석, 싹싹 닦아야지!"

청소기 속으로 쏙쏙 빨려 들어가는 먼지들을 보니 민우는 기분이 좋았어요.

"빨리 청소하고 오늘은 설거지도 도와드려야지!"

민우는 눈 깜짝할 사이에 거실 청소를 끝냈어요. 거실이 어느새 산뜻하게 바뀌었어요. 이제 안방과 민우 방을 청소할 차례예요. 청소기를 끌고 이동하려 할 때였어요.

'덜컥!'

청소기가 따라오지 않았어요. 청소기 전원 연결선이 더는 늘어나지 않았거든요.

"민우야, 그럴 때는 코드를 뽑아서 옮긴 다음 다시 가까운 콘센트에 꽂아야 해."

엄마께서 말씀하셨어요.

'에잇, 불편해! 선은 왜 있는 거야? 어? 이건 또 뭐람?'

코드를 뽑고 방으로 청소기를 끌고 가던 민우는 다시 한번 짜증이 났어요. 청소기의 바퀴가 방 문턱에 걸리고, 여기저기 가구에 부딪히며 '쿵', '덜커덕!' 소리를 내지 뭐예요? 편한 줄로만 알았던 청소기가 오늘따라 민우의 마음을 알아주지 않았어요. 그런데 문득 좋은 아이디어가 민우의 머리를 스쳐 지나갔어요.

'그래! 바로 이거야! 더하기의 반대는 빼기!'

민우는 엄마에게 달려갔어요.

"엄마! 이 선이 너무 불편해요. 선을 없애고 배터리를 넣어서 무선 청소기를 만드는 것은 어때요?"

민우가 입꼬리를 한껏 올리며 밝은 표정으로 외쳤어요.

"우와! 민우야, 참 좋은 생각이야. 하지만 어쩌지? 이미 무선 청소기는 많이 개발되어 있어. 그러니까 다른 것을 생각해 보는 건 어떨까?"

민우는 자신보다 먼저 생각한 발명가들이 원망스러웠어요. 하지만 여기서 포기할 친구가 아니지요. 민우는 얼른 다른 곳으로 눈길을 돌렸어요.

"가장 불편했던 건 뭐야?"

"음…… 문턱이나 가구에 바퀴가 걸리거나 부딪혀서 끌고 다니기가 힘들었어요."

"그럼 어떤 것을 빼면 될까?"

민우는 힘차게 대답했어요.

"바퀴요!"

"그런데 바퀴가 없으면 굴러가기가 더 불편할 것 같은데?"

엄마의 질문에 민우는 머리가 더욱 복잡해졌어요.

'바퀴가 있어도 불편하고 없어도 불편하고……. 바닥에 끌려다니며 여기저기 부딪치는 것은 더욱 싫고…….'

민우는 가만히 눈을 감았어요. 그리곤 뭔가 떠오른 듯 방으로 달려갔어요.

"엄마! 청소는 잠시 뒤에 도와드릴게요! 얼른 아이디어 메모를 해야 하거든요!"

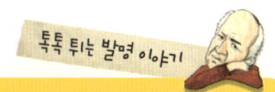

떼어 놓으니 편리하네!
TV 리모컨

TV 리모컨은 미국의 기술자였던 유진 폴리에 의해 발명되었어요. 유진 폴리는 처음에 리모컨에 줄을 매달아 TV와 연결하기도 하고, 빛을 쏘아 채널을 바꿀 수 있게 하는 등 다양한 방법을 사용하였어요. 그러다가 1956년 로버트 애들러 박사에게 도움을 얻어 초음파를 이용해 TV를 켜고 끄거나 채널을 바꾸는 리모컨을 만들었지요. 비록 4개의 단추밖에 없었지만 수십 년이 흐른 지금, 사람들은 TV 리모컨 없는 생활은 상상조차 할 수 없게 되었어요.

민우의 발명노트

방법 이것저것, 다 떼어 봐!

빌려오기 무선 청소기

생각하기 청소기를 쓰다 보니 전원 연결선이 불편했다. 무선 청소기는 이미 개발되어 있어서 뭔가 다른 불편한 것을 빼고 싶었다. 마침 문턱에 자꾸 걸리는 바퀴가 너무 불편했다.

시작하기
1. 불편한 점 찾기
2. 불편한 점을 떼어 보기
3. 새로운 모습으로 재탄생!

분석하기 여기저기 덜컹거리고 부딪히는 바퀴! 바퀴를 빼면 어떨까? 하지만 빼면 이동이 불편하다. 그래서 생각난 것이 가방! 여행할 때 무거운 짐은 캐리어에 넣어 끌고 다니지만 가벼운 짐은 캐리어보다 배낭이 훨씬 편하다. 가벼운 청소기라면 차라리 배낭처럼 메고 다니는 것이 좋을 것 같다.

스케치하기

평가하기   디자인하고 나니 더 좋은 점이 눈에 보인다. 배낭 청소기를 사용하면 허리를 많이 숙이지 않아 좋고 청소기가 바닥에 있을 때는 공기배출구에서 바람이 나와서 바닥의 먼지를 더 흩어놓곤 했는데 공기배출구가 위에 있으니 그럴 걱정이 없다.

에디슨 씨의 톡! 쏘는 한마디

빼기 발명은 어떠한 상황이나 물건에서 필요 없는 부분을 빼는 것이에요. 주로 불편한 부분을 찾아 없애거나 편리하게 다시 바꾸는 기법입니다. 하지만 무조건 떼어버린다고 해서 다 되는 건 아니에요. 떼었을 때 더 불편하지는 않은지, 혹시 사용에는 문제가 없는지 항상 확인해야 한답니다.
모든 물건은 완벽하지 않아요. 오히려 고칠 것이 많은 문제 덩어리랍니다. 어떤 문제가 있는지 찾아서 하나씩 해결해 볼까요?

1 불편한 점을 찾으세요.
없애기 위한 조건은 그것이 그 물건에 필요 없어야 한다는 것이에요. 그러기 위해서는 무엇이 필요 없고 불편한지 알아야겠죠?

2 상상해 보세요.
아이디어가 생각났다고 무조건 떼어 버리면 망가질 수 있어요. 필요 없는 부분을 떼었을 때 그 물건이 어떻게 작동할지, 여러 상황에서 어떻게 사용될지 먼저 상상해 보고 나중에 실행해도 늦지 않아요.

3 효과가 커야 해요.
떼어내기 전과 비교했을 때, 떼어낸 후와 큰 차이가 없다면 차라리 붙여두는 것이 나을지도 몰라요. 만드는 가격을 낮출 수 있는지와 디자인, 편리성 등을 더 생각해 보아야 한답니다.

발명가의 발명노트 엿보기

뚜껑 일부분을 없애는 발명

창문이나 그네의 원리를 이용, 원형 모양의 증기 배출 구멍을 달아 요리 시 국물이 끓어 넘치는 것을 방지할 수 있도록 고안된 투명 냄비 뚜껑이다. 투명한 재질의 냄비 뚜껑에 원형 증기 배출구를 만들고 배출구 주위로 크기 조절이 가능하도록 하였다. 냄비 뚜껑만 바꾸면 되기 때문에 경제적이며 투명 재질을 사용하여 내용물을 쉽게 확인할 수 있어 편리하다. 구멍의 크기를 조절할 수 있어 다양한 상황에 맞추어 편리하게 사용할 수 있다.

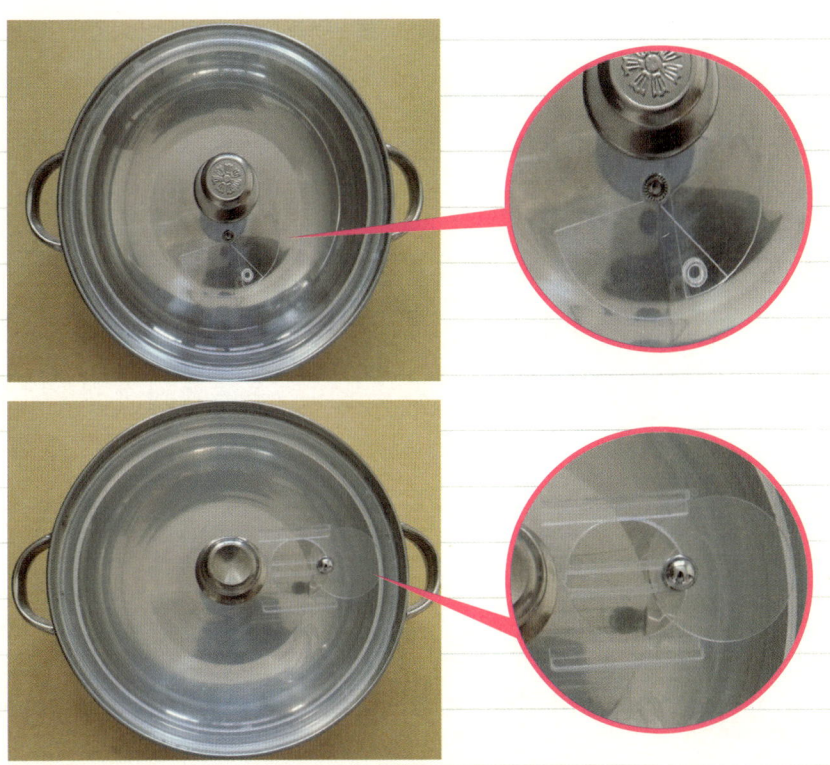

〈끓어 넘치지 않는 냄비〉
제35회 전국학생과학발명품경진대회 동상 수상작(계촌중 임진훈)

03 모양만 바꿔 보자

민우의 생일. 발명을 위해 열심히 공부하는 민우를 위해 엄마는 학용품을 선물로 사주시기로 하셨어요.

"갖고 싶은 것, 다 골라 봐."

엄마의 말씀에 민우는 뛸 듯이 기뻤어요.

"정말요? 후회하지 마세요."

민우는 평소에 갖고 싶었지만 용돈이 부족해서 사지 못했던 학용품들을 바구니에 담았어요. 이곳저곳을 돌아다니더니 어느새 바구니를 한가득 채워 왔어요.

"이게 다 뭐니?"

"내가 갖고 싶은 학용품들이에요. 이거 다 사 주세요."

이런 기회가 잘 생기지 않는다는 것을 알고 있는 민우는 이참에 내

년까지 쓸 학용품을 담아 왔어요.

"엄마께서 갖고 싶은 것, 다 골라 보라고 하셨잖아요."

엄마는 얼굴이 붉어지며 당황하는 눈치셨어요. 민우를 혼낼 수도 없고 약속을 어길 수도 없는 상황이 되어 버린 것이지요. 그런데 문득 좋은 아이디어가 생각나지 뭐예요?

"민우야, 엄마가 골라 보라고만 했지, 사 준다고 하지는 않았는데?"

엄마는 민우를 바라보며 빙그레 웃으셨어요.

"힝, 이거 다 갖고 싶은데……."

민우의 어깨가 축 늘어졌어요. 생일 선물을 받을 기대에 부풀어 있던 모습은 온데간데없이 사라져 버렸어요.

"좋아. 대신 겹치는 것은 빼고 사주마!"

풀이 죽은 민우가 안쓰러웠는지 엄마는 민우의 어깨에 손을 올리며 말씀하셨어요. 내려놓았던 바구니를 다시 들고 민우는 하나하나 정리하기 시작했어요.

"아쉽지만 어쩔 수 없지. 잘 가, 얘들아!"

영영 보지 않을 것처럼 아쉬움의 작별인사를 하며 학용품을 하나하나 제자리에 돌려놓았어요. 바구니에 담긴 학용품이 점점 줄어가고 있던 그때 민우의 손이 멈추었어요.

"엄마, 이건 두 개 다 사 주시면 안 돼요?"

민우에 손에 쥐여 있는 것은 바로 지우개였어요.

"두 개 다 똑같은 지우개인데 하나만 사면 안 되겠니?"

엄마가 타일렀지만 민우는 포기할 수 없었어요.

"이건 잘 지워지는 지우개이고, 이건 예쁜 지우개예요."

가만히 살펴보니 하나는 네모난 모양의 평범한 지우개였고 나머지 하나는 예쁜 동물 모양 지우개였어요.

"저, 호랑이 모양 지우개가 너무 예쁘단 말이에요. 그런데 잘 지워지는 네모난 지우개도 꼭 갖고 싶어요."

친구들에게 호랑이 모양의 지우개를 자랑하고 싶은 마음에 민우는 끝까지 포기할 수 없었어요.

잠시 고민에 빠진 엄마는 뭔가 떠오르신 듯 민우의 두 손을 잡고 말했어요.

"민우야, 엄마가 갑자기 발명 아이디어가 하나 생각났는데 말해 줄까?"

"정말요? 네! 얼른 얘기해 주세요!"

민우의 눈이 커지고 귀가 쫑긋해졌어요.

"대신 지우개는 하나만 사기로 약속!"

이럴 줄 알았어요. 엄마는 항상 뭔가를 그냥 주신 적이 없어요. 하지만 이런 기회를 놓칠 수는 없었어요.

"그렇게 할게요. 발명 아이디어를 주신다면 지우개는 안 사도 좋아요."

엄마는 활짝 웃으시며 한마디 하셨어요.

"민우는 왜 호랑이 모양의 지우개가 갖고 싶을까?"

"예뻐서요!"

엄마는 흐뭇한 미소로 말씀하셨어요.

"그래, 바로 그거란다. 지우개가 기능도 좋고 예쁘기도 하면서 손에 쥐기에도 편하다면 어떨까?"

엄마에게 이런 아이디어를 얻다니! 엄마는 발명 천재예요!

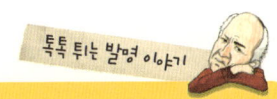

모양을 바꿔 만든 발명품
클립

미국의 코넬리우스는 여러 장의 편지를 하나로 묶는 방법을 고민하면서 철사를 만지작거리고 있었어요. 그러다가 철사를 세 번 안으로 구부려 종이에 구멍을 내지 않고도 여러 장을 하나로 묶을 수 있는 방법을 찾아냈지요. 클립은 간단한 모양을 하고 있지만 아주 놀라운 발명품이랍니다. 그 뒤로 여러 발명가가 다양한 모양의 클립을 만들어 냈지만 여전히 철사를 단지 세 번 구부려 만든 코넬리우스의 클립보다 더 편리한 것을 찾아내지 못했거든요!

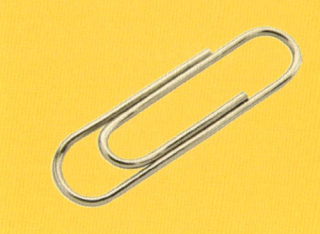

민우의 발명노트

방법 모양만 바꿔 볼까?

빌려오기 캐릭터 지우개

생각하기 평범한 지우개보다 캐릭터 지우개가 더 갖고 싶었다. 그런데 기능도 좋고 모양도 좋고 편리한 지우개가 있다면 그것이 더 갖고 싶을 것 같다. 모양을 바꾸는 것도 발명이 될 수 있구나!

시작하기
1. 모양을 바꾸고 싶은 물건 선정하기
2. 모양을 바꾸면 더 좋아질까? 고민하기
3. 스케치하고 여러 사람에게 물어보기

분석하기 지우개가 네모난 모양이라 필통에 연필과 함께 잘 들어가지 않고 찾기도 힘들었다. 자주 잃어버리기도 하고 금방 싫증이 났다. 예쁘고 실용적인 지우개 모양을 그려봐야겠다. 연필과 함께 있어도 어울리고 싫증도 나지 않으며, 사용하기에도 편리한 지우개를 만들어 봐야지!

스케치하기

평가하기 이미 문방구에 파는 지우개와 많이 닮은 것 같다. 나만의 독특한 아이디어가 더 필요해 보인다. 더 편리하고 더 예쁜 모양을 고민해 봐야지!

디자인을 바꾸는 것도 발명이랍니다. 꼭 특이하거나 기능이 뛰어난 것만 발명이 아니에요. 모양만 살짝 바꿔도 더 편리해지고 많은 사람이 좋아하는 발명품이 나온답니다. 아무리 뛰어난 발명이라도 사람들의 마음을 사로잡지 못하면 무용지물이겠죠? 무조건 모양만 바꾼다고 발명이 되진 않아요. 많은 사람의 마음을 사로잡기 위해서는 나만의 특별한 디자인이 필요하지요.

1 목표가 뚜렷해야 해요.

모양을 바꾸었을 때, 이런 점이 좋아질 것이라는 뚜렷한 목표를 지니고 만들어야 해요. 목표가 없으면 이상하고 필요 없는 아이디어만 떠오른답니다.

2 많은 사람에게 물어보아요.

모양을 바꾸는 발명은 결국 많은 사람의 관심을 끌기 위한 것이에요. 주변의 친구, 가족에게 스케치한 모양을 보여주고 마음에 드는지 물어보세요. 나는 좋아하는 모양이지만 다른 사람들은 그렇지 않을 수도 있답니다.

3 예쁘기만 해서는 안 돼요.

단순히 예쁘기만 한 것으로는 부족해요. 모양을 바꾸었을 때 예쁘게 바뀌는 것과 함께 기능, 제작 가격, 편리함 등에서 변화가 있어야 해요.

발명가의 발명노트 엿보기

칫솔의 모양 바꾸기

칫솔질은 상하운동이 중요한데 대부분 좌우만 왔다 갔다 하다가 끝난다. 상하운동이 어렵기 때문인데 칫솔의 모양을 바꿔서 바른 자세로 상하운동을 하여 건강한 이를 유지할 수 있도록 하였다.

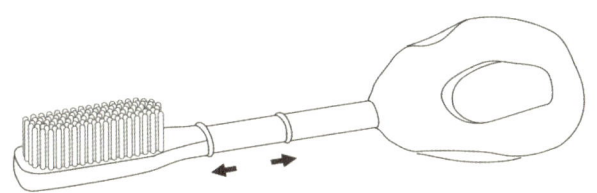

기존의 일자형 칫솔	완성된 칫솔 사용 모습
 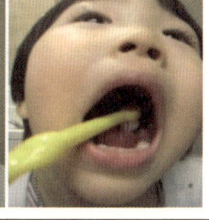 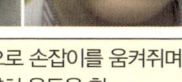	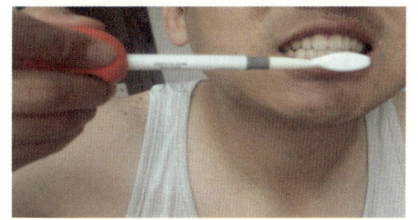
칫솔을 쥘 때 밖으로 손잡이를 움켜쥐며 좌우로 양치 운동을 함.	손가락을 구 모양의 돌기 부분에 지지하며 앞니를 상하로 닦음.

칫솔 자루를 움켜쥐는 형식이 아니라 엄지손가락으로 자루를 지지하고 손가락으로 원으로 된 자루를 잡고 손목을 움직이면 칫솔질의 상하운동으로 인한 무리가 생기지 않는다. 칫솔 자루는 어린아이들이 잡기 쉽도록 부드러운 재질을 사용하며 구에 돌기 부분을 만들어 손가락의 위치를 고정할 수 있도록 하였다. 칫솔 자루의 길이를 사용자의 필요에 따라 조절 가능하게 함으로써 맞춤형 칫솔 자루를 구현할 수 있었다.

'칫솔의 모양을 바꾸면 좀 더 편하게 상하로 칫솔질을 할 수 있을까?'
제33회 전국학생과학발명품경진대회 동상 수상작(충북고 홍사윤)

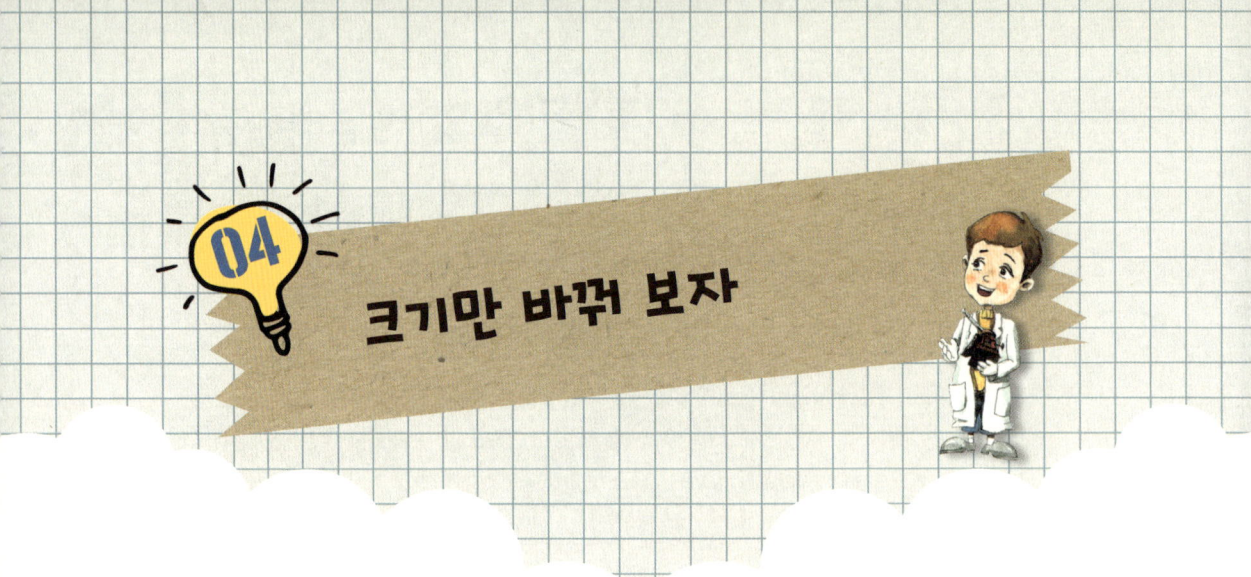

04 크기만 바꿔 보자

현관 문을 열자, 추적추적 비가 내리고 있었어요.
"엄마! 우산 주세요. 비가 와요!"
오늘도 지각 같아요. 민우는 엄마가 급히 건네주신 우산을 썼어요.
"이거, 너무 큰데요?"
바꿔쓸 시간이 없어 민우는 큰 우산을 그대로 쓰고 집을 나섰어요.
아빠가 쓰시던 큰 우산 덕분에 옷과 가방은 비 한 방울도 젖지 않았어요.
'무겁지만 그래도 쓸만한걸?'
학교에 도착하여 우산꽂이에 우산을 넣고 교실로 들어갔어요.
"민우야, 안녕? 오늘은 지각하지 않았구나."

우산 너무 큰데?

선생님께서 반갑게 맞아 주셨어요.

"딩동댕."
학교 수업이 모두 끝나는 종소리와 함께 민우는 친구들과 뛰어나갔어요.
"어, 비가 그쳤네?"
어느덧 비가 그치고 밝은 햇살이 민우를 비추고 있었어요.
"민우야, 빨리 가서 축구 하자!"
친구들의 재촉에 민우는 가방을 메는 둥 마는 둥 신발을 신고 운동장으로 뛰어나갔어요. 얼마만의 축구예요? 며칠간 내린 비로 운동장은 조금 젖어있었지만 밝은 햇살 아래 친구들과 함께 노는 것은 언제나 즐거워요.
"학교 다녀왔습니다."
친구들과 한바탕 즐거운 축구를 하고 집으로 돌아온 민우는 엄마에게 인사를 드렸어요.
"민우야, 우산은 어쨌니?"
이럴 수가! 그러고 보니 우산을 학교에 두고 왔네요. 하굣길에 비도 오지 않고 너무 큰 우산이라 들고 다니기도 어려워서 민우가 깜박했나 봅니다.
"다음번에는 작은 우산을 챙겨 줘야겠구나."

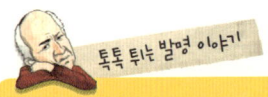

증기버스는 너무 커!
작은 자동차의 발명

1826년, 영국 런던에 증기버스가 처음 등장했을 때 사람들은 불을 뿜는 괴물이 등장했다며 깜짝 놀랐어요. 그도 그럴 것이 증기기관으로 움직이는 그 버스는 30톤이나 나갈 정도로 크고 무거웠거든요. 게다가 속도를 더 내려고 하면 높은 압력을 견디지 못하고 보일러가 터져 버리기 일쑤였어요. 독일의 다임러와 벤츠는 이 문제를 해결하기 위해 증기기관이 아니라 석유를 연료로 하는 엔진을 만들었어요. 그 결과, 지금처럼 작고 날쌘 자동차가 등장할 수 있었어요.

엄마는 민우의 어깨를 툭툭 치며 괜찮다고 말씀하셨어요.

"엄마, 우산이 작으면 비를 다 맞게 되는 거 아녜요?"

"저런, 민우가 착각을 했구나. 우산이 작은 게 아니라 큰 우산을 작게 접을 수 있는 3단 우산이야. 가방에 넣어 두고 다니렴."

"아하, 그거! 본 적 있어요. 세 번 접어서 작게 보관하는 우산!"

민우는 밝은 표정으로 후다닥 방으로 뛰어 들어갔어요.

"우리 민우가 또 새로운 발명 아이디어라도 얻었나?"

엄마가 흐뭇하게 미소를 지으며 말씀하셨어요.

# 민우의 발명노트

방법 크기만 바꿔 볼까?

빌려오기 3단 우산

생각하기 큰 우산은 보관이 어렵다. 그렇다고 우산을 작게 만들면 비에 다 젖고 만다. 큰 우산을 접어서 보관할 수 있도록 만든 3단 우산. 크기를 바꾸면 편한 것이 무엇이 있을까?

시작하기
1. 크기가 너무 작거나 커서 불편한 물건 찾기
2. 크기를 바꿀 방법 찾기

분석하기 내 방의 책꽂이는 공간만 많이 차지한다. 책도 별로 없는데. 책이 없을 때는 작아지고 책이 많으면 다시 커지는 책꽂이를 만들어야겠다. 크기 변경이 가능한 소재는 무엇이 있을까? 고무줄도 있고 용수철도 있다. 고무줄은 금방 끊어질 것 같다. 용수철을 이용해 봐야지.

스케치하기

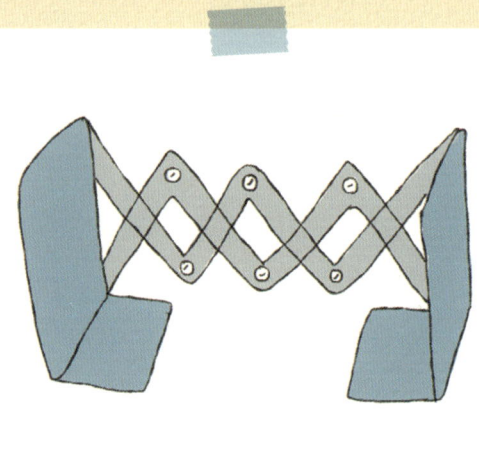

평가하기 자바라를 이용한 책꽂이인데 내 아이디어와 비슷하다. 나는 가운데 부분을 자바라 대신 용수철로 만들 것이다. 방의 공간을 너무 많이 차지하는 큰 책장도 이렇게 만들 수는 없을까?

에디슨 씨의 톡! 쏘는 한마디

내가 거인 나라에 간다면? 내가 소인국에 간다면?
그와 같은 상상을 해 보면 발명이 훨씬 쉬워질 거예요. 크기를 바꾸는 방법은 세 가지가 있답니다. 더 크게 하는 방법, 더 작게 하는 방법, 크거나 작게를 마음대로 조절하는 방법. 기능이나 디자인은 거의 변화가 없지만 크기만 바꾸어도 대단한 발명을 할 수 있어요. 스마트폰, TV, 드론 등 바뀐 크기가 사람의 마음을 사로잡는답니다.

1 크기가 전부가 아니에요.
크기를 바꾼다는 것은 두께, 횟수, 시간, 길이 등의 의미도 포함할 수 있어요. 횟수를 늘리거나 줄이기, 길이를 늘이거나 줄이기 등의 방법도 생각해 보아요.

2 과학기술도 생각해야 해요.
크기를 작게 만들 과학기술이 없다면 만들 수 없겠죠? 스마트폰도 배터리의 크기, 부품의 크기와 성능 등의 기술 발전이 있었기 때문에 작아질 수 있었어요.

3 장점이 없다면 발명이 아니에요.
크기를 바꾸었는데 아무런 효과나 장점이 없다면 안 되겠죠? 오히려 지금 있는 그대로의 크기가 더 나을지도 몰라요. 무조건 크고 작게 만드는 것은 발명이 아니에요.

발명가의 발명노트 엿보기

무엇이든 실으세요!

무거운 짐을 옮기는 카트지만 큰 짐은 부피가 커서 옮길 수가 없었다. 너무 큰 카트를 만들면 이동이나 보관이 어려웠다. 그래서 평소에는 작지만 물건의 크기에 따라 크기 조절이 가능한 카트를 만들어 보았다.

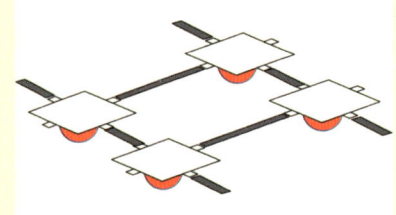 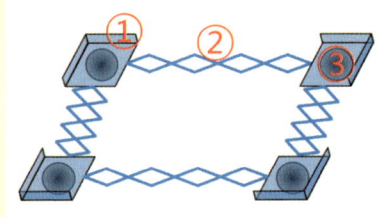

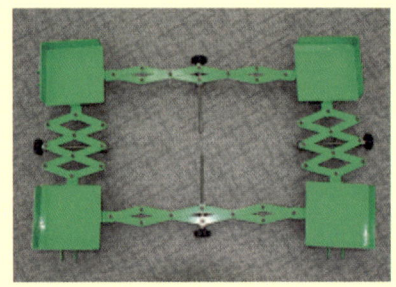

분해 조립이 가능하고 크기 조절이 자유로워 기존 카트를 대체하여 가정 및 산업용으로 다양하게 활용할 수 있다.
미세하게 카트의 크기를 조절할 수 있어 상자나 지지판의 크기와 관계없이 변형된 카트를 제작 활용할 수 있다.

물건의 안전한 이동이 가능 : 물건 고정용 벨트를 부착하여 흔들림이 심하여 떨어질 염려가 있거나 물건을 높게 쌓을 경우 안전한 이동이 가능하다.

'크기 조절이 자유로운 카트'
제32회 전국학생과학발명품경진대회 은상 수상작(광주설월여자고 김미진)

05 거꾸로 놓아 보자

"**민우야!** 오늘 저녁, 민지를 잘 부탁해!"

오늘은 엄마가 오랜만에 저녁 식사 약속이 있는 날이에요.

"네, 엄마! 걱정하지 마세요!"

자신 있게 대답했지만 민우는 걱정이 앞섰어요. 민지의 저녁 식사를 책임져야 했거든요. 어떤 요리를 할까 고민하며 엄마의 낡은 요리책을 뒤적거렸어요. 그때 엄마가 자주 해 주시던 요리, 볶음밥이 한눈에 들어왔어요. 민우와 민지가 모두 좋아하는 요리예요. 엄마 어깨너머로 조리 과정을 여러 번 봤던 기억이 있는 민우는 갑자기 자신감이 생겼어요.

"민지야! 오늘 저녁은 볶음밥이 어떨까?"

"응, 좋아, 오빠!"

저녁 식사 전까지 각자 방으로 들어가 숙제를 했어요. 하지만 민우는 숙제를 하는 중에도 볶음밥 생각뿐이에요.

'잘할 수 있겠지? 그래! 다치지 말고 안전하게 요리하자!'

해가 뉘엿뉘엿 저물고 드디어 저녁 식사를 준비할 시간이 되었어요. 민우는 냉장고에서 재료를 꺼내어 씻고 어린이용 안전 식칼로 톡톡 채소를 썰었어요. 프라이팬을 살짝 달궈서 기름을 두르고 밥과 채소를 천천히 볶았답니다. 아차차! 달걀 프라이도 빠질 수 없죠! 엄마에게 배운 실력으로 달걀을 톡 하고 깨서 불에 익혔어요. 예쁘게 그릇에 담아내니 저녁 식탁이 완성되었네요!

"오빠, 내가 도와줄 건 없어?"

뒤늦게 숙제를 마치고 나온 민지가 말했어요.

"이제 다 된걸. 참! 민지야, 냉장고에서 케첩 좀 꺼내 줄래?"

민지는 냉장고에서 볶음밥과 어우러질 케첩을 꺼냈어요.

"여기 있어, 오빠!"

"응, 고마워. 어! 그런데 케첩이 잘 나오지 않네?"

얼마 남지 않은 케첩이 밑바닥에 붙어서는 나올 생각을 않네요. 민지가 다시 냉장고를 뒤적였어요.

"오빠, 여기 케첩 하나 더 있어."

민지가 새로 꺼낸 케첩 통은 얼마 남지 않았는데도 케첩이 잘 나왔어요. 민우는 신기해서 케첩 통을 살펴보았어요. 그랬더니 뚜껑이 아래로 향해 있지 뭐예요? 그래서 케첩이 잘 나올 수 있었던 거예요.

'그래, 이거구나! 역시, 발명은 너무나 가까운 곳에 숨어 있어! 그냥 뒤집었을 뿐인데 말이야!'

요리를 해서 지칠 법도 한데 민우는 마음속에 즐거움이 가득했어요. 오늘도 발명노트가 한 장 더 늘어날 것 같네요.

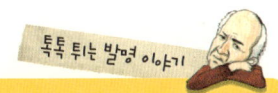

톡톡 튀는 발명 이야기

접을 때 빗물이 떨어지지 않는
거꾸로 우산

거꾸로 우산은 키프로스 출신의 영국 공학자인 제난 카짐이 10여 년의 연구 끝에 발명했어요. '카즈브렐러'라는 이름이 붙은 이 우산은 2010년에 영국 특허를 받고 상품화되었지요. 이 우산은 일반 우산과 달리 비에 젖은 겉면이 안으로 접혀 들어가서 물이 밖으로 흘러내리지 않고 안쪽에 고여요. 그러니 우산을 펴고 접을 때 빗물이 손이나 옷에 묻을 일이 없겠지요? 또 강풍이 불어도 쉽게 뒤집히지 않고 뒤집혀도 바로 원래 모습으로 돌아온다고 해요.

민우의 발명노트

방법 거꾸로 놓아 보자!

빌려오기 거꾸로 놓은 케첩 통

생각하기 거꾸로 놓인 케첩 통은 케첩을 바로바로 나올 수 있게 해 주었다. 살펴보니 이런 것이 주변에 많다. 거꾸로 치약, 거꾸로 샴푸, 거꾸로 바디워시 등 너무 많았다. 무엇인가를 뒤집어도 발명이 되는구나! 내 주변의 모든 것을 뒤집어 생각해 보자!

시작하기
1. 내 주변 모든 것을 뒤집어서 상상해 보기
2. 뒤집었을 때 더 편리한 것이 있는지 생각하기
3. 더 편리해질 수 있도록 디자인하기

분석하기 한 살 된 사촌 동생 아기가 분유를 먹는 것을 본 적이 있다. 언제나 누워서만 먹는데, 가끔 불편해 해서 앉거나 서서 먹고 싶어 한다. 그때마다 분유를 먹는 게 아니라 공기를 먹는 것 같다. 빨대를 사용할 줄 몰라서 고개를 젖혀 우유병을 뒤집지 않으면 먹을 수가 없다.

스케치하기

비닐 팩에 담긴 우유

평가하기 비닐 팩에 담겨 아기가 빨면 공기 없이 먹는 젖병. 하지만 씻기에 불편할 것 같다. 전용 솔을 다시 발명하거나 굽어진 부분도 씻기가 쉽도록 엄마에게 여쭈어보고 새롭게 디자인해야 할 것 같다.

거꾸로 놓아보는 것은 상상만으로도 할 수 있는 쉽고 재미있는 놀이랍니다. 사람들이 거꾸로 걸어갈 수도 있고 자동차가 거꾸로 갈 수도 있을 거예요. 생각만 해도 웃음이 나지 않나요? 주변을 있는 그대로만 바라보지 말고 뒤집어 생각하는 것! 창의성을 갖추는 첫걸음이랍니다.

1 일단 뒤집어 보세요.
발명을 완성하려면 실제로 그 물건을 뒤집어 보고 살펴봐야 더 큰 아이디어를 얻을 수 있어요. 머리가 아닌 손으로 직접 뒤집어 보세요.

2 위-아래, 앞-뒤, 좌-우 모두 생각해 보아요.
거꾸로 뒤집는다고 하면 흔히 위-아래를 생각해요. 하지만 앞-뒤 또는 좌-우를 뒤집는 것도 재미있답니다. 양면테이프, 발가락 양말 등이 그 대표적인 예랍니다.

3 더 새롭게 뒤집어 볼까요?
방향, 성질 등 물건의 쓰임을 뒤집어 보는 것도 좋아요. 거꾸로 돌아가는 모터, 오른쪽-왼쪽으로 방향을 바꿔 회전할 수 있는 선풍기 등 물건의 겉모양만 뒤집는 것이 아니라 그 물건의 특징을 반대로 뒤집어 생각해 보아도 재미있는 발명품을 만들 수 있습니다.

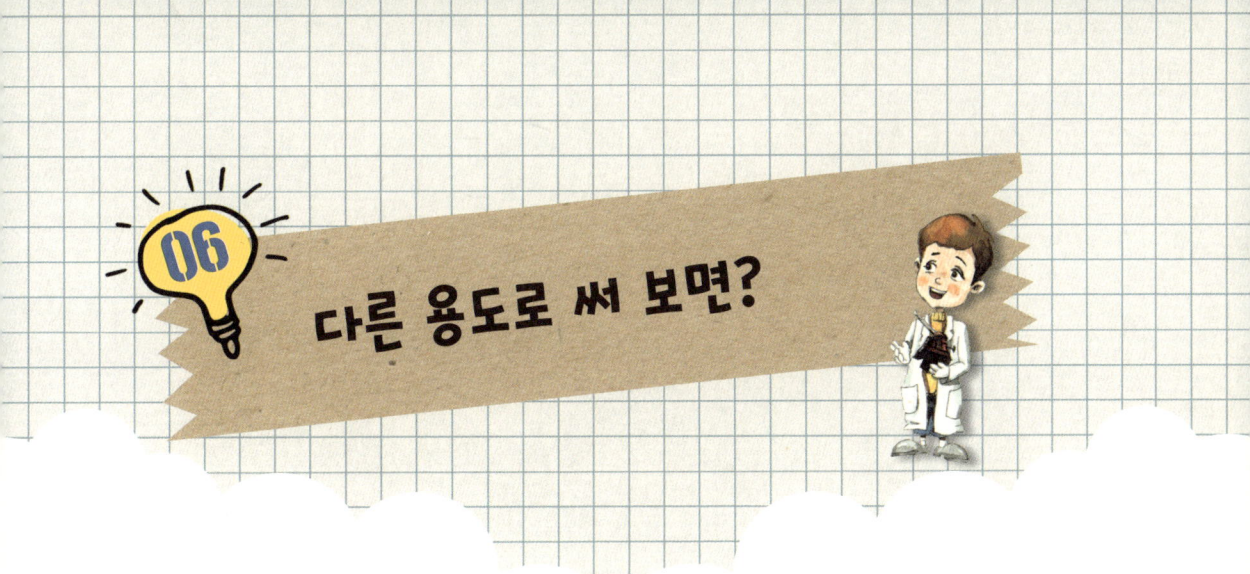

06 다른 용도로 써 보면?

친구들과 놀이터에서 만난 민우. 오늘은 따스한 햇볕 아래에서 오랜만에 숨바꼭질 놀이를 하기로 했어요.

"가위, 바위, 보!"

민우가 먼저 술래가 되었어요. 벽을 바라보고 숫자를 일에서 십까지 재빨리 센 다음 뒤를 돌아보니 친구들은 놀이터 이곳저곳에 숨어 버렸네요.

"어디에 숨었을까?"

민우는 살금살금 고양이처럼 소리 내지 않고 걸으며 이곳저곳을 살펴보았어요.

"미끄럼틀 뒤에 아람이! 찾았다!"

민우의 오랜 친구 아람이를 처음으로 찾았어요. 그런데 아무리 찾아

보아도 승환이가 보이질 않네요.

"못 찾겠다, 꾀꼬리! 승환아, 어디 있니?"

결국 승환이 찾기를 포기하고 민우는 술래를 또 한 번 해야겠네요.

"응, 나 여기 있지롱!"

승환이가 놀이터 벤치 뒤에서 쏙 하고 고개를 내밀었어요.

"민우야, 그런데 나 집에 먼저 가 봐야 할 것 같아. 엄마한테 계속 전화가 오네."

승환이가 풀이 죽은 목소리로 말했어요.

"그래, 어쩔 수 없지 뭐. 그런데 너, 휴대폰 없잖아?"

"아, 이 손목시계가 휴대폰이야."

"뭐라고?"

민우와 아람이는 깜짝 놀랐어요. 휴대폰이 없는 줄로만 알았던 승환이에게 그것도 손목시계 휴대폰이라니요.

"정말 이걸로 전화할 수 있어?"

민우는 눈을 동그랗게 뜨고 승환이의 손목시계 전화기를 살펴보았어요.

"응, 평소에는 시계로 쓰다가 전화가 오면 받을 수도 있어."

"우와! 정말 신기하다!"

작은 손목시계가 전화기의 역할을 하다니! 민우는 믿을 수가 없었어요. 지금까지 상상만 했던 이야기인데 직접 눈으로 보다니요! 흥분된 마음을 가라앉히고 민우와 친구들은 각자 집으로 향했어요.

"안녕! 내일 또 만나!"

집으로 돌아오는 길에서도 민우의 머릿속에는 손목시계 전화기가 떠나질 않았어요. 그렇게 작은 전화기를 한 번도 본 적이 없었거든요.

"민지야! 손목시계 전화기라고 알아?"

집에 오자마자 민우는 민지에게 물었어요. 혹시 민지는 손목시계 전화기를 알지도 모르잖아요. 오늘 민우는 부끄러움을 무릅쓰고 동생 민지에게서라도 그 전화기에 관한 정보를 꼭 얻을 생각이에요.

"응, 알아. 어린이들을 위해서 전화도 되고 위치 확인이나 긴급 알람 기능도 있다고 해."

"정말? 어떻게 그런 생각을 한 거지?"

민우는 아직도 믿을 수 없었어요.

"그 생각은 누구나 한 번쯤 했을 거야. 다른 용도로 사용하는 생각. 그런데 누군가가 그것을 실천으로 옮겼겠지?"

민우는 동생 민지의 말에 뜨끔했어요.

'맞아. 나는 항상 발명을 한다면서 그것이 이루어질 수 없다고 생각했던 것 같아.

제2장 발명! 나도 해 볼까? 67

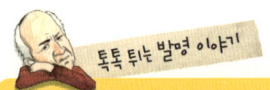

톡톡 튀는 발명 이야기

용도를 바꾼 발명품
포스트잇

문구회사에서 연구원으로 일하던 스펜스 실버는 새로운 풀을 만드는 과정에서 우연히, 쉽게 붙지도 쉽게 떨어지지도 않는 풀을 발명했어요. 사람들은 잘 붙지 않는 풀은 쓸모가 없다며 실패한 발명이라고 여겼지만 아트 플라이의 생각은 달랐어요. 그 풀을 종이에 발라 마음대로 뗐다 붙였다 하면 사람들이 편리하게 이용할 수 있을 거라고 여겼지요. 그 결과, 포스트잇은 오늘날 전 세계 사람들에게 가장 사랑받는 문구 중 하나가 되었지요.

이루어질 수 있도록 하는 게 발명가의 역할인데 내가 너무 쉬운 것만 생각했구나.'

민우는 오늘 큰 깨달음을 얻었어요. 지금껏 민우는 항상 행동보다 말이 앞섰거든요. 구체적으로 노력하지 않았던 민우, 오늘은 동생에게 한 수 배웠는걸요?

민우의 발명노트

방법 다른 용도로 써 보면?

빌려오기 손목시계 전화기(키즈폰)

생각하기 손목시계를 전화와 GPS(위치확인) 용도로 사용하는 것을 보고 놀랐다. 다른 용도로 이렇게 유용하게 사용할 수 있다니! 손목에는 시계만 차는 것인 줄 알았는데, 다른 용도로 쓰이는 것이 이렇게 새로울 수가 있구나!

시작하기
1. 사물의 용도나 특징, 원리를 다른 곳에 적용해 보기
2. 생각한 아이디어의 장·단점 알아보기
3. 멋지게 디자인하기

분석하기 얼마 전에 시각장애인 아저씨가 지팡이를 짚으며 걸어가다가 교통사고를 당한 기사를 본 적이 있다. 사고를 낸 사람은 앞이 보이지 않는 장애인임을 확인하고 도망을 가버렸다고 한다. 지팡이가 아빠 차에 있는 블랙박스의 역할을 할 수는 없을까?

스케치하기

평가하기 지팡이가 조금 무거워질 것 같다. 전기를 공급하기 위해 충전을 자주 해야 하는 번거로움이 있다. 카메라의 무게를 낮추고 충전 배터리의 용량을 늘리거나 충전을 쉽게 할 수 있게 바꾸어 봐야겠다.

에디슨 씨의 톡! 쏘는 한마디

사람에게도 주어진 재능이 있듯이 물건에도 그 물건이 만들어진 이유, 즉 물건의 용도가 있답니다. 하지만 그 물건을 한 가지 용도로만 사용한다면 발명가라고 할 수 없겠죠? 고정관념에서 벗어나 다른 용도를 찾아보거나 전혀 다른 기능을 더해 보는 것도 재미있는 발명놀이가 될 거예요. 남들이 비웃어도 좋아요. 주변에서 "에이, 말도 안 돼, 그게 뭐니?"라는 소리를 들었다면 실패가 아니라 성공이에요!

1 물건의 용도를 다른 물건에서 찾아보세요.
새로운 시각으로 물건의 사용방법을 다른 물건으로 옮기거나 더해 보세요. 처음에는 어색하게 느껴질 수 있겠지만 몇 가지의 불편함만 제거할 수 있다면 멋진 발명이 될 수 있어요.

2 불편함을 생각해요.
무엇이 불편한지 고민해 보고 그것을 해결할 수 있는 다른 물건을 찾아보세요. 가지고 다니기 힘든 휴대폰의 불편함을, 항상 지니고 다니기 쉬운 손목시계에 붙여 손목시계 전화기를 만든 것처럼요!

3 재미있게 바꾸어 보아요.
붙였다가 떼어낼 때 쓰는 벨크로를 야구공과 글러브에 붙이면 재미있는 찍찍이 캐치볼이 되는 것처럼 놀이에 그 용도를 사용해 보아요. 뿌듯한 성취감도 생기고 재미도 있답니다.

발명가의 발명노트 엿보기

몽당연필을 씨앗으로?

씨앗 캡슐이 연필에 함께 붙어 있다. 연필의 꼭지 부분에 씨앗이 들어 있는 캡슐을 달아 연필로 사용한 후 길이가 짧아진 연필을 그대로 버리지 말고 화분의 배양토에 꽂은 다음 물을 주면 씨앗이 싹튼다. 연필의 용도는 글씨를 쓰는 것인데 그 역할을 다하고 나면 싹을 틔우고 예쁜 꽃을 피우고 열매를 맺는 새로운 역할을 한다.

'씨앗 캡슐이 결합된 연필'
특허실용 출원번호 : 2020140004227

07 따라 해 볼까?

오늘은 민우네 가족이 서점에 가는 날이에요! 민우네 가족은 한 달에 한 번씩 서점을 방문하고 있지요. 엄마는 건강과 취미에 관련된 책을, 아빠는 캠핑과 여행에 관련된 책을, 민우와 민지에게는 평소에 읽고 싶었던 책을 마음껏 볼 수 있는 기회가 되고 있습니다.

"오늘은 어떤 책을 읽을까?"

민우가 잔뜩 기대에 부풀어서 민지에게 말했어요.

"오빠는 요즘 발명을 좋아하니까 특허 책을 읽는 게 어때?"

"맞다. 잊지 말고 꼭 찾아봐야지."

서점에 도착한 민우네 가족은 각자 흩어져서 책을 찾아 읽고 세 권씩 골라서 다시 모이기로 했어요.

특허 책을 찾기로 했던 다짐은 어디로 가고 민우는 어느새 만화책

코너에 자리를 잡았네요. 한참을 만화에 빠져 있던 민우가 갑자기 생각난 듯 벌떡 일어섰어요.

"맞아! 특허 책!"

민우는 뒤늦게 특허와 발명 책이 있는 코너로 갔어요. 하지만 민우에게는 너무 어려운 이야기뿐이었어요.

"더 찾아봐야겠다!"

민우가 다른 책을 더 찾으려 뒤로 돌아선 순간 민지가 보였어요.

"민지야, 뭐하니?"

민우는 민지에게 다가갔어요.

"응, 오빠에게 책 찾아주려고 특허 책을 보다가 내가 발명하고 있는 내용에 도움이 되는 것이 있어서 발명노트에 적고 있었어."

민지가 발명도 잘하고 과학도 잘하는 것은 알고 있었지만 발명노트를 쓰고 있다니! 민우는 갑자기 경쟁심이 생겼어요.

"민지도 발명노트 써? 내가 봐도 될까?"

민지의 발명노트를 본 민우는 깜짝 놀라고 말았어요.

"민지야, 너 대단하다. 이게 다 네 아이디어야?"

"그냥 조금씩 써 둔 거야."

민지의 발명노트에는 민우가 생각하지 못했던 수많은 아이디어가 메모되어 있었어요.

'나는 매일 생각해도 아이디어가 잘 안 떠오르는데……. 민지는 어쩌면 이렇게 잘할까?'

민우는 질투심과 함께 민지에게 장난을 치고 싶어졌어요.

"나, 이 노트에서 본 거, 다 베껴 버릴 테다!"

민우는 씨익 웃으며 노트를 들고 도망을 가버렸어요.

"엄마! 오빠가 또 나를 괴롭혀요!"

민지는 울먹이며 쪼르르 엄마에게 달려가 안겼어요.

"민우, 이리 와 봐!"

낮게 깔린 엄마 목소리가 심상치 않다고 여긴 민우는 엄마에게 터벅터벅 걸어갔지요.

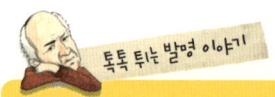

병조림에서 아이디어를 얻은
통조림

프랑스의 황제 나폴레옹은 오랜 전쟁으로 병사들이 지칠 것을 염려해 영양가가 풍부한 음식을 오래 보관해서 먹을 방법을 찾고 있었어요. 이때 아페르는 음식을 병에 담고 주둥이를 버터로 봉한 병조림을 발명해 냈지요. 그로부터 10년 뒤, 영국의 듀란드는 병조림을 깡통에 부어 따뜻하게 데워 먹는 과정에서 병조림보다 편리한 통조림에 관한 아이디어를 얻었어요. 통조림은 깨질 염려가 없고 갖고 다니기에도 편리했으며, 병조림보다 더 오래 음식을 보관할 수 있었지요.

"엄마, 발명은 베끼면 안 되는 거예요?"

민우는 시큰둥한 표정으로 말했어요. 발명품 중에는 비슷비슷한 물건들도 많으니 베껴도 괜찮다고 생각했던 모양이에요.

"민우야, 베끼는 것은 모방이란다. 특허를 낸 사람의 권리를 빼앗은 것이나 다름없어."

엄마는 풀이 죽은 민우의 어깨에 살며시 손을 얹으시고는 웃으며 말씀하셨어요.

"하지만 남의 아이디어를 빌려서 새로운 발명을 하는 것은 괜찮아."

"정말요? 그래도 되는 거예요?"

민우는 믿을 수 없다는 듯이 엄마를 쳐다보았어요.

"응, 그것을 실용신안이라고 해. 특허로 등록된 기술을 더 좋게 개선하는 거지."

"우와! 신기해요!"

놀란 사람은 민우뿐만이 아니에요. 민지도 깜짝 놀랐답니다. 발명에 대해 잘 알고 있는 줄 알았는데 발명에는 특허가 전부가 아니었네요. 역시 엄마는 척척박사예요! 어쩔 땐 책보다 더 잘 아신다니까요!

민우의 발명노트

| 방법 | 따라 해 볼까? |

| 빌려오기 | 민지의 발명노트 |

| 생각하기 | 한 아이디어에 또 다른 아이디어를 더한 것도 발명이 될 수 있다. 누군가의 발명이 수많은 새로운 발명으로 이어져 세상을 더 살기 편하게 만드는 것인지도 모른다는 생각이 들었다. |

| 시작하기 | 1. 어떤 발명을 빌려올지 생각하기
2. 불편한 점을 찾아 더 편리하게 만들기
3. 다양하게 변형해 보기 |

| 분석하기 | 화장실 변기 뒤쪽 물통의 뚜껑을 열어보았더니 부양기가 떠오르면서 물이 더 흘러가지 못하게 구멍을 막아 주었다. 이 원리를 물이 넘치는 화분 받침에 응용해봐야겠다. |

스케치하기

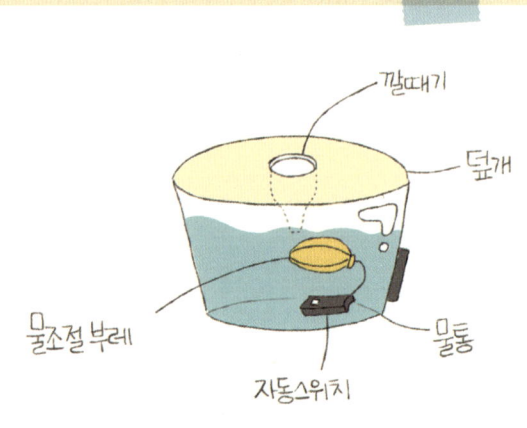

반성하기   화분에 준 물이 넘쳐흐르지 않도록 소리가 나서 좋았지만 화분에 물이 없을 때 알려주는 장치도 필요할 것 같다. 더 연구해 보아야겠다.

에디슨 씨의 톡! 쏘는 한마디

아이디어를 빌려오는 것은 모방이 아니랍니다. 남의 발명품을 그대로 베끼는 것은 법으로 금지되어 있지만 더 좋은 아이디어로 만드는 것은 오히려 장려하고 있어요. 실용신안이라는 제도를 바르게 알고 사용하면 더 새로운 발명을 할 수 있어요!

1. 새로운 발명품을 눈으로 뜯어 보세요.

이 발명품을 만든 사람이 어떤 점을 생각하고 만들었는지 고민해 보세요. 그리고 눈을 크게 떠서 그 발명품을 처음부터 끝까지 잘 살펴보세요. 어느새 당신은 이 발명품을 만든 사람의 마음을 이해하고 있을 거예요.

2. 나라면 어떻게 만들었을까 고민하세요.

만약 나라면 이 물건을 어떻게 만들었을까 고민하다 보면 새로운 아이디어가 떠오른답니다. 오랜 시간 힘들게 연구한 이 물건의 발명가에게는 미안하지만 여러분은 더 쉽게 멋진 아이디어를 떠올릴 수 있게 될 거예요.

3. 더하기 빼기 발명을 사용하세요.

따라 해 보고 남의 아이디어를 빌려올 때 가장 좋은 방법은 앞에서 배웠던 더하기 발명, 빼기 발명을 함께 사용하는 거예요. 멋진 발명품에 이것저것 더하고 빼다 보면 더 좋은 아이디어가 탄생한답니다.

발명가의 발명노트 엿보기

연을 이용한 발전기

친환경에너지 개발에 많은 사람이 관심을 가지고 있다. 그중 풍력발전기의 원리와 하늘을 나는 연의 원리를 이용하여 한국 기업의 연풍력시스템이 개발되었다. 이미 독일, 이탈리아 등 세계 각국에서 앞다투어 개발한 이 시스템은 높은 하늘의 에너지를 풍력발전소에 결합하여 더 높은 효율로 전기를 생산할 수 있게 한다.

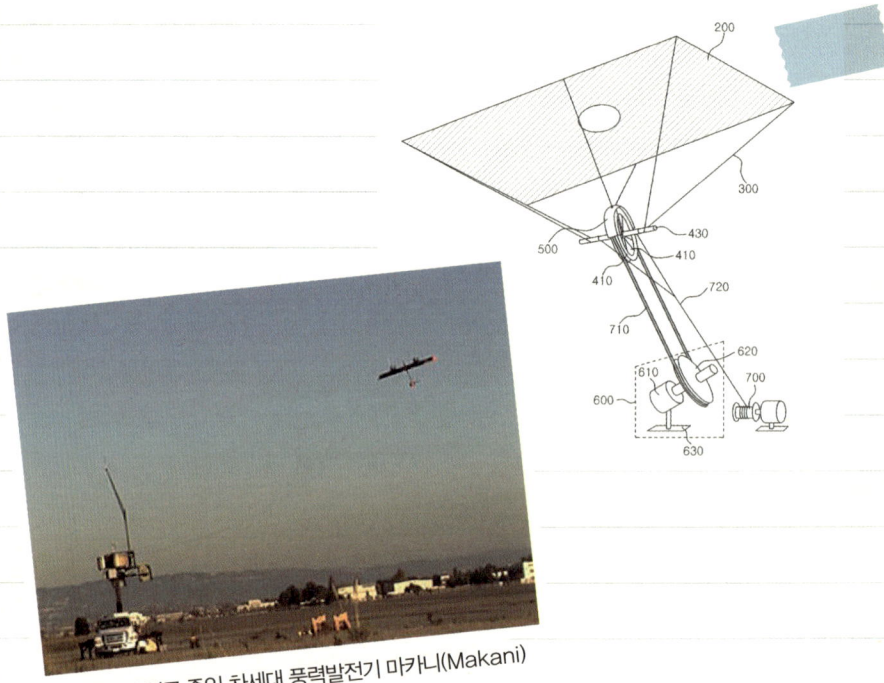

구글에서 연구 중인 차세대 풍력발전기 마카니(Makani)

* 특허출원번호 1020150037270(영파워)
* 특허출원번호 1020090099380(왕십중공업)

08 재료만 살짝 바꿔서!

"에이, 미술관이라고요?"

오랜만에 아빠와 함께하는 주말. 아빠와 야구를 하거나 놀이공원에 갈 것을 기대했던 민우는 약간 실망했어요.

"미술관이 어때서? 가면 재미있는 작품들이 많단다."

"난 그림도 잘 못 그리고 작품에도 관심이 없단 말이야."

퉁명스럽게 아빠에게 대답해 보지만 어쩔 수 없이 따라가게 된다는 것을 민우는 잘 알고 있지요.

"그럼 미술관 다녀와서 맛있는 피자 사 주세요!"

"그래, 좋지!"

아빠에게 약속을 받아낸 민우는 주섬주섬 옷을 입었어요.

"오빠, 같이 가!"

동생 민지도 빠질 수 없죠. 민지는 그림을 참 좋아하거든요.

"그래, 민지도 가고 엄마도 함께 가자."

가족이 다 함께 외출하는 것이 얼마 만인지 모르겠어요. 왠지 즐겁고 행복한 하루가 될 것 같네요.

"자, 출발한다!"

신이 난 아빠의 목소리와 함께 부릉부릉 차가 출발했어요.

"엥? 아빠, 이게 미술관이에요?"

미술관에 도착한 민우는 뭔가 이상했어요. 미술관에는 벽에 걸린 그림들만 있을 것으로 생각했거든요.

"응, 이게 다 미술작품들이란다. 미술관에는 붓으로 그린 그림만 있는 게 아니야."

"오빠, 아빠 말이 맞아. 여러 가지 재료를 사용하여 전시해 놓은 작품들도 미술관에 많아."

아빠는 민지 손을 잡고 빙그레 웃으시며 고개를 끄덕였어요.

"정말요? 우와! 너무 신기하고 재미있는 작품들이 많아요!"

민우는 언제 그랬냐는 듯 미술관을 이곳저곳 돌아다녔어요. 금속으로 만든 작품, 천으로 만든 작품, 나무로 만든 작품, 심지어는 빛과 그림자를 재료로 만든 작품들도 있었어요.

"재료만 바꾸어도 재미있는 작품들을 많이 만들 수 있단다."

미술작품을 신기하게 바라보는 민우에게 엄마가 말씀하셨어요.

"엄마, 그럼 그림도 재료를 바꿔서 그릴 수 있어요?"

궁금해진 민우는 엄마를 바라보며 물었어요.

"우리 민우가 부쩍 호기심이 많아졌구나. 그럼, 당연하지. 수채물감으로 그릴 수도 있고 기름을 재료로 유화를 그릴 수도 있지. 찢어진 잡지나 신문지가 재료가 되기도 하고 플라스틱, 다양한 가루 등도 그림의 재료가 될 수 있어."

재료만 바꿔서!
지우개

고무 지우개가 발명되기 이전에 사람들은 빵조각으로 글씨를 지웠어요. 그림을 그리는 화가들은 연필로 스케치한 그림을 지우기 위해 빵조각을 늘 옆에 두었지요. 그러다가 1770년에 영국의 화학자 조지프 프리스틀리는 고무가 연필로 쓴 글씨를 깨끗이 지운다는 사실을 깨닫고 고무 지우개를 발명했어요. 하지만 요즘에 쓰이는 지우개는 고무가 아닌 염화비닐을 재료로 한 것이에요. 고무는 비싸기도 하고 열에 약한 성질이 있어서 잘 쓰지 않지요.

"아하! 그러고 보니 미술 시간에 여러 가지 재료로 표현하는 수업을 한 적이 있어요!"

기억이 난 민우가 손뼉을 치며 말했어요. 그 모습을 보신 아빠가 슬그머니 민우 곁으로 다가오셨어요.

"민우야, 그런데 발명도 똑같지 않을까?"

미술작품에 빠져 발명을 잊고 있었던 민우는 아빠 말씀에 화들짝 놀랐어요.

맞아요! 같은 작품도 다양한 재료로 표현하면 느낌이 다른 것처럼 재료를 바꾸는 것도 재미있는 발명이에요!

"아빠! 혹시 펜 있으세요? 얼른 메모를 해 두어야겠어요!"

"무엇을 적으려고?"

아빠가 볼펜을 건네며 물으셨어요.

"재료를 바꿔 보자!"

민우의 발명노트

방법 재료만 살짝 바꿔 봐야지!

빌려오기 다양한 재료를 사용한 미술관의 작품들

생각하기 재료만 바꾸어도 다양한 느낌의 작품을 만들 수 있다. 그릇 하나만 보아도 도자기 그릇, 플라스틱, 종이 등 다양하다. 이쑤시개도 나무, 녹말 등 재료에 따라 특징이 다르다. 재료만 살짝 바꿔 보자!

시작하기
1. 불편을 주는 물건을 생각해 보기
2. 재료를 바꾸어 보기
3. 재료를 바꾸었을 때 문제점이 발생하는지 확인하기

분석하기 엄마가 마트에서 물건을 담을 때, 환경보호를 위해 생분해성 비닐(흙 속의 미생물로 물과 이산화탄소로 분해됨.)을 사용하는 것을 본 적이 있다. 최근 일회용 플라스틱 커피 컵이나 일회용 물병이 환경오염의 주범이 되고 있다고 하는데 그것을 생분해성으로 바꿀 수는 없을까?

스케치하기

생분해성 플라스틱 컵
(화분으로 쓰다가 식물이 성장하면 컵을 통째로 다른데 옮겨심는다. 그러면 컵이 분해되어 자연으로 돌아간다)

반성하기

검색결과 이미 많은 곳에서 도전하고 있지만 가격이 비싸며 만들기도 쉽지 않다고 한다. 환경보호를 위해서는 반드시 생분해성 플라스틱이 필요한데…… 연구가 더 필요할 것 같다.

에디슨 씨의 톡! 쏘는 한마디

물건의 과학적 원리나 디자인까지도 똑같은데 재료만 바꾼다고 발명이 될까요? 네, 그렇습니다! 그것도 발명이랍니다. 다만 아이디어가 안 떠올라 아무나 하지 못하고 있을 뿐이지요. 핸드폰의 재료를 투명한 비닐로 만들 수 있다면 얼마나 편리할까요? 종이를 먹을 수 있는 재료로 만든다면 얼마나 재미있을까요? 시작해 보세요. 여러분의 상상이 곧 현실이 될 거예요!

1 무조건 상상해 보세요.

남들이 듣고 웃을 만큼 특이한 재료를 상상해 보세요. 아무도 예상하지 못한 재료를 써보는 것은 어떨까요? 상상은 돈이 들지도, 몸이 힘들지도 않아요. 무조건 상상해 보세요. 그것이 발명의 시작이에요.

2 단점을 바꾸어야 해요.

그 물건의 단점을 먼저 생각하세요. 그리고 단점을 바꾸기 위한 재료를 생각해야 해요. 너무 무거우면 가벼운 재료를, 두꺼우면 얇은 재료를, 불에 타면 불에 타지 않는 재료를 사용해 보세요.

3 자신하게 시도하세요.

처음에는 남들의 시선이 따가울지도 몰라요. '그건 안 될 거야.'라는 부정적인 시각으로 바라볼 거예요. 하지만 걱정하지 마세요. 여기서 포기하면 여러분의 상상은 물거품이 될 거예요. 자신 있게 시도하면 시도할수록 성공 확률이 높아진답니다.

발명가의 발명노트 엿보기

투명 스테이플러

스테이플러 덮개 부분을 투명한 소재로 만들어 철침의 유무를 쉽게 확인할 수 있게 하였고, 남아 있는 철침의 개수를 셀 수 있도록 개수를 알리는 눈금을 넣게 구성되어 있다. 플라스틱 재질을 이용하여 무게가 가벼운 장점이 있다. 또한 스테이플러 받침대 윗부분 양쪽에 센티미터 눈금을 새겨 철침이 찍히는 부분의 위치를 확인할 수 있도록 하였다. 스테이플러 받침대에 찍는 위치 조절 턱을 제작하여 여러 번 반복해서 찍어도 계속 정확한 위치에 찍히도록 구성하였다.

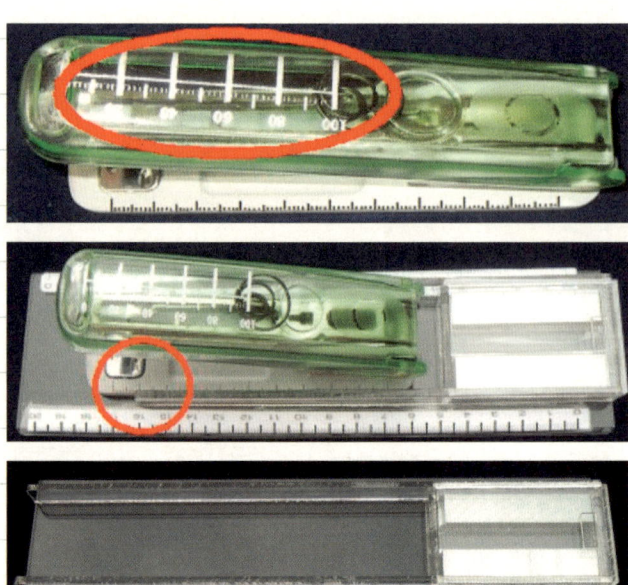

'정확한 위치에 찍는 투명 스테이플러'
제28회 전국학생과학발명품경진대회 동상 수상작(전남 목포연산초 황규태)

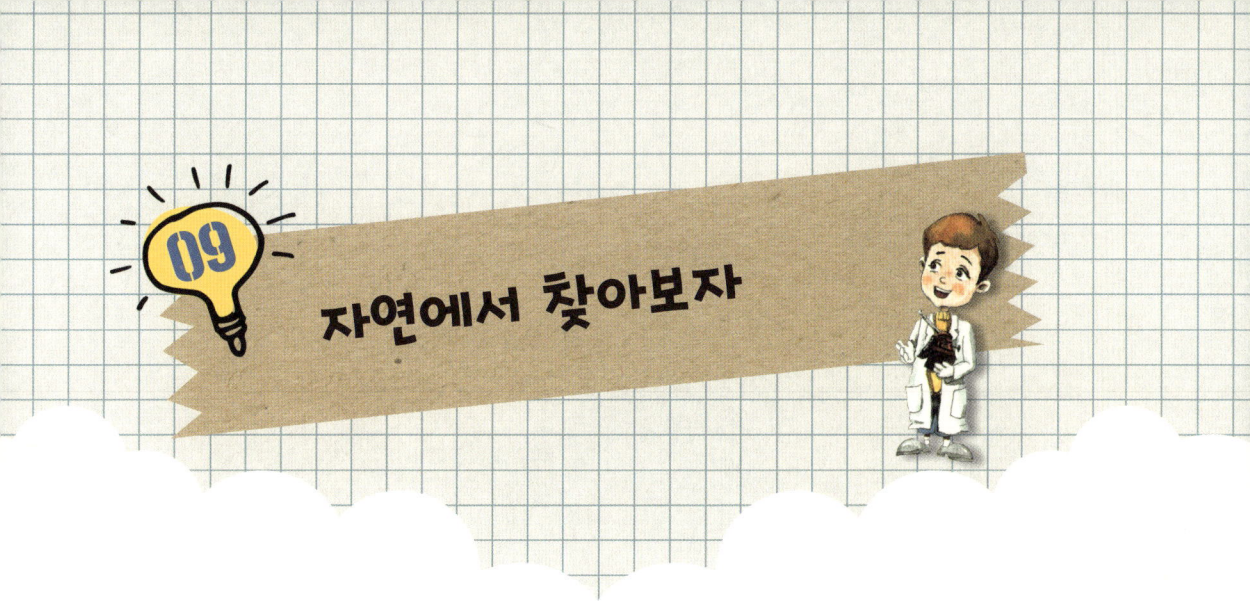

09 자연에서 찾아보자

햇볕이 따뜻하게 방을 비춰 주는 토요일. 밤새 발명 책을 읽느라 늦게 잠든 민우는 아직도 잠을 자고 있어요.

"민우야, 벌써 10시야! 언제까지 잘 거니?"

민우는 엄마의 재촉에도 아랑곳하지 않고 이리 뒹굴, 저리 뒹굴 주말의 여유를 즐기는 중이에요. 발명을 많이 했냐고요? 아니에요. 사실은 지난주부터 발명 아이디어가 떠오르질 않아 발명노트는 멈춰 있는 상태랍니다.

"민우야! 오늘은 공원에 나가서 놀까?"

아빠의 목소리에 민우는 벌떡 일어났어요.

"우와! 정말요? 이게 얼마 만이에요! 야호!"

아빠와 함께 놀 때가 가장 즐겁다고 말하는 민우에게 오늘은 정말

장미야, 가시 좀 빌려줘!
가시철조망

집안이 가난하여 중학교에 진학할 수 없었던 조셉 글리든은 양 떼 돌보는 일을 하면서 돈을 벌고 있었어요. 그런데 양들은 목장의 울타리를 껑충 뛰어넘어 멀리 도망가곤 했어요. 조셉은 울타리를 더 튼튼하게 해야 양들을 지킬 수 있겠다고 생각했어요. 그래서 장미 가시를 가져다가 울타리에 붙였지요. 나중에는 철사로 가시를 만들어 울타리에 붙였더니 양들이 그 근처에는 얼씬도 하지 않았어요. 가시철조망은 머지않아 전 세계로 퍼져 나갔답니다.

최고의 날이 될 거예요. 언제 그랬냐는 듯 민우는 후다닥 이불을 개고 금세 옷을 입고 아빠를 재촉했어요.

"아빠! 우리 빨리 나가요!"

거실에서 숙제를 하던 민지도 어느새 신발을 신고 있었어요.

"아빠! 자연관찰하는 숙제가 있는데 같이 해도 돼요?"

민지는 아빠의 팔에 대롱대롱 매달려 간절한 눈빛을 보내며 말했어요.

"그럼, 당연하지! 민우도 오늘은 자전거만 타지 말고 함께 자연관찰을 해 보자."

아빠와 자전거를 함께 탈 기대에 부풀어 있던 민우는 풀이 죽었어요. 하지만 그게 어디예요! 함께 따뜻한 햇볕을 맞으며 자연관찰을 할 수 있으니!

발명왕을 꿈꾸는 민우에게 요즘 모든 관심은 발명이에요.

"아빠, 공원에서도 발명을 할 수 있을까요?"

숙제를 하겠다는 민지의 말에 민우도 뭔가 하고 싶어졌어요.

"그럼, 당연하지. 모든 발명은 자연으로부터 오는 거니까."

"정말요?"

민우는 그동안 아빠와 공원, 운동장, 숲속을 자주 갔는데도 발명에 관해서는 한 번도 생각해 보지 못했어요.

"민우야, 이 장미꽃을 보렴. 어떤 아이디어가 떠오르니?"

"빨간 꽃잎…… 향기…….''

"장미 줄기를 자세히 보렴."

장미 덩굴을 이리저리 살펴보던 민우가 소리쳤어요.

"앗! 이거구나!"

민우의 발명노트

방법 자연에서 찾아보기

빌려오기 장미 가시철조망

생각하기 장미의 가시를 보고 철조망을 만들어 낸 것처럼 자연의 모습을 빌린 발명품을 만들고 싶다. 평소에 지나쳤던 사소한 잎사귀도 이제 다르게 보인다.

시작하기
1. 나와는 다른 특별한 자연의 모습 찾기
2. 그 모습의 장점을 찾아 생활에 적용하기
3. 다양한 모습으로 겹쳐 보기

분석하기 내가 좋아하는 어항 속 물고기! 엄청 빠른 속도로 움직이는 모습을 보았다. 물고기의 형상을 움직이는 자동차, 버스, 오토바이 등에 겹쳐 보면 어떨까?

스케치하기

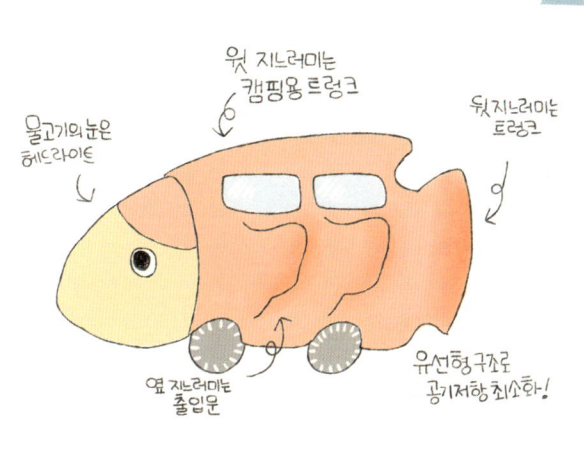

반성하기 물고기 모양이 저항을 적게 받아서 빠르게 움직이는 것에는 좋지만 사람이 타기에는 좁을 것 같다. 하지만 고래와 상어의 모양도 있으니 포기하지 말고 계속 도전해 봐야지!

인류 발전의 역사에 자연을 이용한 발명은 빠지지 않고 등장합니다. 마치 인간의 부족한 부분을 자연이 채워 주기라도 하는 듯, 언제나 자연은 우리와 함께했습니다. 주변을 둘러보세요. 예쁜 꽃과 나무, 작은 곤충에서부터 큰 동물까지! 수많은 자연 속에서 아이디어를 찾아볼까요? 자연에서 빌려올 수 있는 아이디어는 무궁무진해서 한 가지 시선으로 보지 말고 다양한 방법으로 생각해 봐야 한답니다.

1 겉모습의 디자인을 빌려 보세요.
오리발, 새의 날개처럼 자연의 겉모습은 그 쓰임에 맞게 오랜 시간 동안 진화한 결과랍니다. 그만큼 완벽한 디자인도 없을 거예요!

2 원리를 빌려 보세요.
단풍나무 씨, 민들레 씨처럼 공중에 오랫동안 떠 있을 수 있는 원리를 찾아볼까요? 이밖에 우리가 아플 때 먹는 약에도 자연의 원리를 빌려 온 것이 많답니다.

3 발명품은 자연을 지켜야 해요.
자연에서 아이디어를 얻었는데 그 발명품이 환경문제를 일으키고 자연을 해치는 데 사용되어서는 안 되겠죠? 좋은 아이디어를 제공해 준 자연과 사람이 함께 공존할 수 있는 멋진 아이디어를 떠올려 봅시다.

에디슨 씨의 발명 플러스

이미 수많은 발명이 자연에서 아이디어를 빌려오고 있답니다. 하늘을 자유롭게 날아다니는 새를 보고 사람들은 하늘을 날고 싶다는 꿈을 꾸었지요. 그래서 새처럼 다양한 모양의 비행기를 만들어 날리며 수많은 실패와 성공을 거듭한 끝에 지금의 비행기 모양이 나오게 된 거예요. 모양만 빌렸냐고요? 아니에요. 새의 날개는 매우 가벼워서 방향전환이 쉽답니다. 비행기도 가볍고 튼튼하게 만들어서 쉽게 하늘을 누비게 됐지요. 심지어 하늘을 뚫고 우주까지 날아가는 로켓도 자연의 모습을 빌려 왔어요! 바로 오징어의 모습이에요. 오징어가 물속에서 쭉~ 쭉~ 나가는 모습을 빌려 로켓에 응용했다고 해요. 우주를 향해 쭉! 쭉! 올라가고 싶은 사람들의 마음을 오징어가 해결해 주었네요.

이 밖에도 사람의 팔 관절을 닮은 포크레인, 도꼬마리 열매에서 원리를 가져온 벨크로, 문어의 빨판에서 빌려온 흡착기 등 사소하게 지나칠 수 있었던 자연의 모든 것이 우리의 생활을 편리하게 해 주는 아이디어가 될 수 있답니다. 공부를 많이 하신 박사님처럼 오랫동안 깊은 연구를 통해 자연의 원리를 밝혀 내는 분도 계시지만 여러분도 충분히 할 수 있어요. 자, 지금부터 시작해 볼까요? 방 안을 날아다니는 파리, 창틀에 그물을 친 거미, 심지어 살랑살랑 불어오는 바람 속에도 수많은 아이디어가 숨어 있어요!

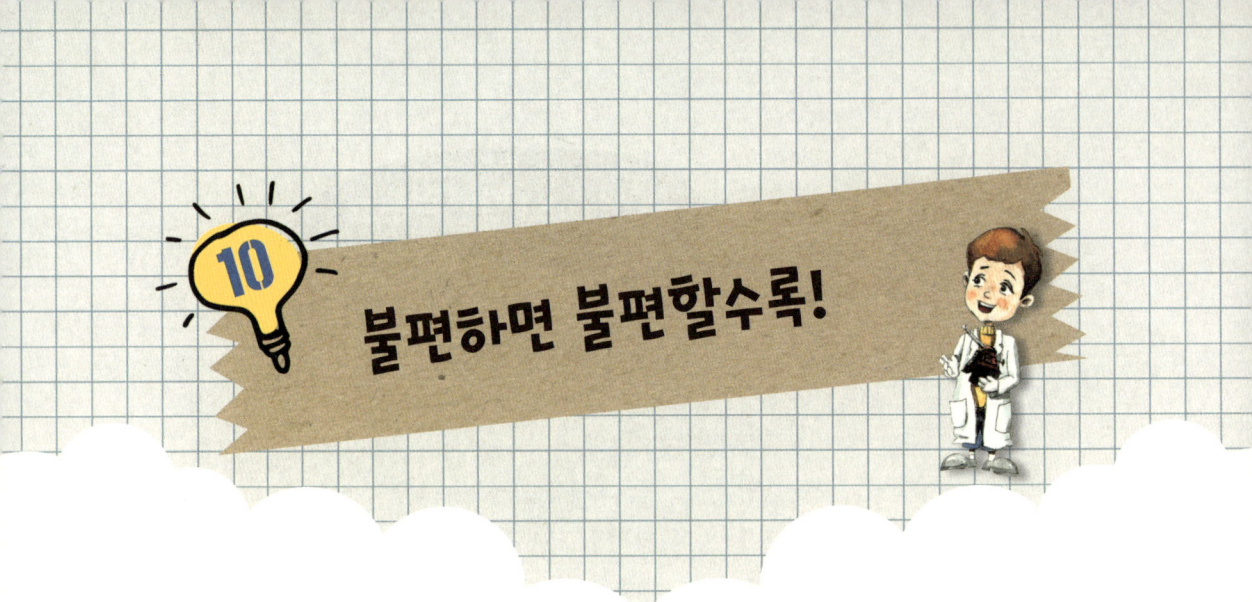

10 불편하면 불편할수록!

"**아빠!** 받으세요, 세게 던질 거예요!"

민우는 힘차게 야구공을 던졌어요.

"우와! 민우 팔심이 좋아졌는걸?"

야구공을 받으며 아빠가 말씀하셨어요.

따스한 햇볕이 반겨 주는 평화로운 오후예요. 역시 방학은 좋아요. 마음껏 놀 수 있으니까요. 마침 아빠도 휴가를 내셔서 민우에게는 더없이 행복한 하루랍니다.

"아빠, 나는 줄넘기 연습을 하고 있을게요."

졸래졸래 따라온 민지는 줄넘기를 가져왔어요.

"하나, 둘, 셋, 넷. 아휴! 또 걸리고 말았네. 힝!"

아빠와 오빠가 야구공으로 캐치볼을 하는 동안 민지는 열심히 줄넘기 연습을 했어요. 줄넘기가 몸을 건강하게 해 주고 체력도 키워 준다는 선생님 말씀을 듣고 방학 계획으로 세웠거든요. 하루에 200개씩 매일 줄넘기 운동하기! 지키지 못할 거라는 오빠의 핀잔에도 지금까지 잘 실천하고 있답니다.

"아빠, 이번에는 더 높게, 멀리 던져 볼게요!"

아빠의 칭찬에 기분이 좋아진 민우는 더욱 힘이 났어요. 야구를 너무 좋아하지만 이렇게 직접 해볼 시간은 별로 없었거든요. 오늘따라 방학을 맞아 텅 빈 운동장이 어찌나 반가운지 모릅니다.

"이야! 우리 민우 공을 엄청 잘 던지는구나! 야구선수 해도 되겠는걸?"

아빠의 칭찬에 민우는 어깨가 으쓱해졌어요.

"오빠! 나도 던져 볼래!"

멀리서 지켜보던 민지가 자기도 해보고 싶은지 쪼르르 달려왔어요.

"그래, 한번 던져 봐."

오늘따라 기분이 좋은 민우는 흔쾌히 동생에게 공을 양보해 주었어요. 평소라면 절대 주지 않았을 텐데 말이에요.

"으랏차! 아빠, 나도 잘 던지죠?"

민지도 힘차게 공을 던졌어요.

"응, 하지만 오빠를 따라오려면 멀었는걸?"

아빠는 장난기 가득한 표정으로 말했어요.

제2장 발명! 나도 해 볼까? **97**

뿔이 난 민지는 씩씩거리며 오빠에게 말했어요.

"오빠! 내 줄넘기로 운동하고 있어! 나 공 던지기 해 볼 테야!"

"그래! 한번 해봐!"

심통이 난 동생의 모습이 오늘따라 너무 귀여워 보이네요.

민우는 민지의 줄넘기를 잡고 한 번 줄을 넘을 때마다 수를 셌어요.

"줄이 자꾸 발에 걸리네. 나한테는 이 줄이 좀 짧은 것 같아."

키가 작은 민지에게 길이를 맞춘 줄넘기로 하려니 힘들 수밖에 없지요. 줄이 짧아 자꾸 걸리는 민우는 짜증이 났어요.

"오빠, 손잡이에 줄을 늘이는 스위치가 있어. 눌러 봐!"

"정말? 그런 게 있어?"

민우는 줄넘기의 손잡이를 유심히 살폈어요. 정말 작은 스위치가 있었어요. 민우는 작은 스위치를 눌러 길이를 늘여 보았어요.

"어? 진짜 늘어나네! 신기하다!"

생각지 못했던 줄넘기의 기능에 놀란 민우는 손잡이를 한참 동안 살펴보았어요.

"우리 민우, 또 연구하는구나?"

어느새 아빠가 민우 곁에 와 계셨어요.

"네, 원리가 너무 간단해요. 그런데 왜 나는 이 생각을 하지 못했을까요?"

"민우는 줄넘기를 하면서 불편한 점이 뭐였어?"

"줄이 짧아서 자꾸 발에 걸리는 거요."
민우가 뾰로통하게 대답했어요.
"그럼 어떻게 하면 될까?"
"당연히 길이가 조절되어야죠."
아빠는 민우 어깨에 두 손을 가볍게 올리시고 눈을 마주 보며 말씀하셨어요.
"그래, 바로 그거란다. 불편한 점을 찾고 그 해결책을 연구하면 돼. 당연하고 쉬운 것이지만 그게 발명이야."

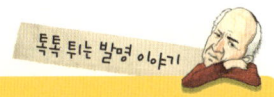

불편함을 편리함으로!
지퍼

미국 시카고에 사는 휘트콤 저드슨은 아침마다 신발 끈을 매야 하는 게 불편하고 짜증스러웠어요. 꽤 뚱뚱한 편이었던 저드슨은 허리를 숙이는 일이 쉽지 않은 데다 팔이 신발까지 닿지 않아 애를 먹었거든요. 저드슨은 일일이 끈을 매지 않고 한 번에 신발을 잠글 수 있는 장치가 있다면 좋겠다는 생각을 했어요. 그는 금속 갈고리들을 신발 양쪽에 박아 넣고 서로 맞물리도록 했지요. 구두용으로 탄생한 지퍼는 곧 옷으로 이어졌고 부인용 옷에 달린 지퍼는 큰 성공을 거두었어요.

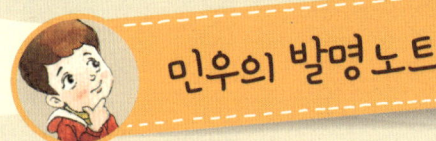
민우의 발명노트

방법 불편하면 불편할수록!

빌려오기 길이가 조절되는 줄넘기

생각하기 발명은 사람들이 편하게 생활하는 데 도움을 준다. 그렇다면 당연히 불편한 것을 편하게 만들어야 한다. 불편하면 불편할수록 발명 아이디어는 더 많이 생길 것이다. 불편하다고 불평하지 말고 그것을 새롭게 바꾸어 보아야겠다.

시작하기
1. 우리 생활의 사소한 불편함을 찾아서 기록하기
2. 왜 불편한지 생각해 보기
3. 원인을 찾아 바꾸어 보기

분석하기 우리 집에서 나의 역할은 화분에 물 주기. 흙이 마르기 전에 줘야 하는데 내가 자꾸 깜박하곤 한다. 매번 확인할 수도 없어 너무 불편하다. 자동으로 물을 주는 방법은 없을까? 물이 없으면 흙에 습기가 줄어들 테니까 습도를 측정하는 센서를 화분에 꽂아 두고 습도가 낮아지면 자동으로 물이 공급되는 장치를 만들어 봐야지!

> 스케치하기

습도센서

> 반성하기

자동으로 화분에 물을 주는 제품이 이미 판매되고 있었다. 하지만 습도센서를 이용하는 제품은 거의 없는 것 같다. 싸고 품질 좋은 발명품을 내가 만들어 봐야지.

발명의 기본원칙은 사람들의 생활을 편리하게 해 준다는 것이에요. 불편한 것을 계속 고쳐나가고 기술을 개발하면서 인류는 발전해 왔답니다. 명절에 시골 할머니 댁에 갈 때마다 차가 많이 막혀서 힘들고 불편하죠? 지금쯤 누군가가 차가 막혀도 빨리 갈 수 있는 발명품을 만들고 있지는 않을까요?

1 불편하지 않은 물건은 없어요.

완벽한 물건은 세상에 없답니다. 똑똑한 스마트폰도 떨어지면 깨지고 시간이 지나면 배터리가 닳아서 꺼지고 말아요. 불편함은 어떤 물건에도 존재해요. 단지 우리가 너무 익숙해서 그것을 불편하다고 느끼지 못할 뿐이랍니다. 얼른 찾아보세요!

2 해결할 수 있는 기술이 있어야 해요.

시간을 되돌리거나 순간 이동할 수 있는 자동차를 만들고 싶지만 아직 타임머신이나 순간이동 기술은 없어요. 상상이 현실이 되는 것은 사실이지만 기술이 뒷받침되지 못한 상상은 먼 미래의 일이랍니다. 기술적으로 가능한 것을 생각해 보아요.

3 사람들의 이야기를 잘 들어보세요.

나 혼자만의 연구로는 생각도 나지 않던 것이 주변 사람들과의 대화 속에서 우연히 아이디어로 떠오를 때가 많답니다. 불평불만이 많은 친구를 만날수록 아이디어는 더 많이 생길 거예요. 친구와 부모님 등 주변 사람들의 이야기를 잘 들어보세요. 아이디어가 차고 넘칠 거예요.

발명가의 발명노트 엿보기

배니싱 스프레이(Vanishing Spray)

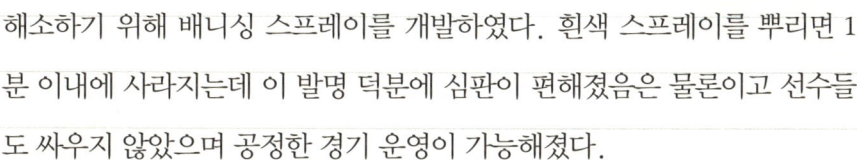

아르헨티나의 아마추어 축구선수 파블로 실바는 축구경기 중 프리킥을 찰 기회가 생겼다. 프리킥을 차는 순간, 수비벽이 9.15m 밖에 있어야 하는데 3m까지 접근하는 바람에 골을 넣지 못하고 지고 말았다. 이후, 그는 이런 불편함을 해소하기 위해 배니싱 스프레이를 개발하였다. 흰색 스프레이를 뿌리면 1분 이내에 사라지는데 이 발명 덕분에 심판이 편해졌음은 물론이고 선수들도 싸우지 않았으며 공정한 경기 운영이 가능해졌다.

지금은 FIFA가 인정하는 공식 물품이 되었으며 월드컵을 비롯하여 각 나라의 프로축구 리그에 정식으로 도입되고 있다. 덕분에 파블로 실바는 몇 년 사이 백만장자를 뛰어넘는 부자가 되었다. 불편함을 해결하기 위한 작은 아이디어가 한 사람의 인생을 바꾸는 큰 선물이 되어 돌아왔다.

정식 명칭 : Foaming composition for creating indications for a limited duration of time
미국특허발행번호 : US20120148741 A1

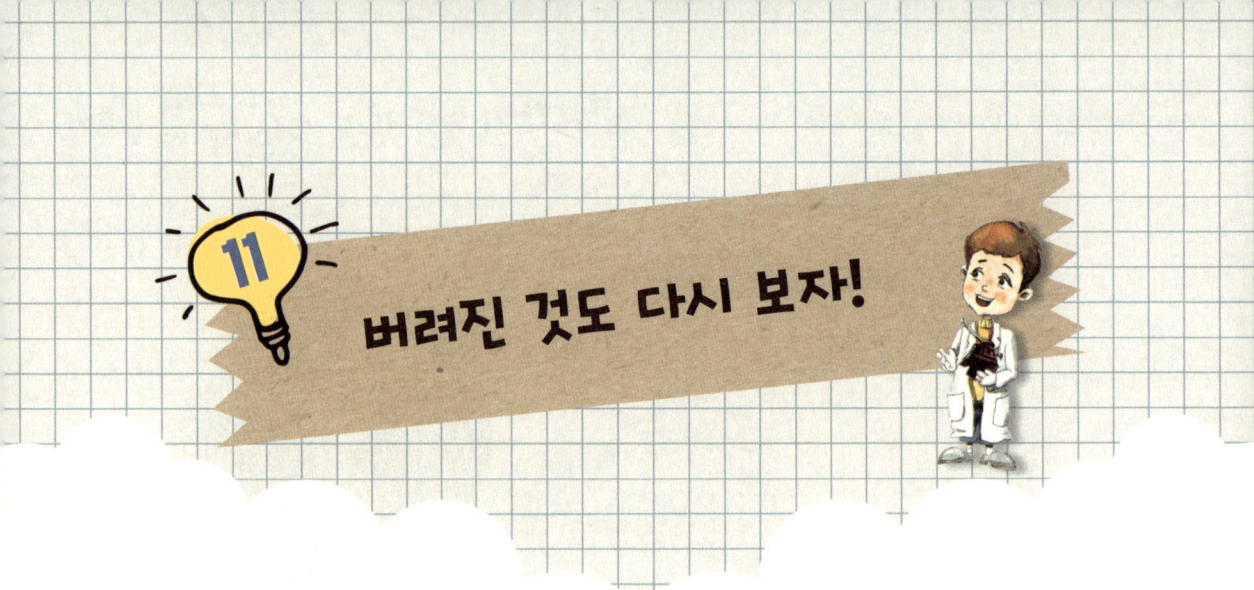

11 버려진 것도 다시 보자!

"할아버지! 할머니!"

민우와 민지는 서둘러 문 앞까지 마중 나오신 할아버지, 할머니 품에 와락 안겼어요. 방학을 맞아 민우, 민지 남매는 시골에 있는 할아버지 댁에 놀러 왔답니다.

"아이고, 우리 손주들, 그새 많이 컸구나!"

할아버지는 민우와 민지의 머리를 쓰다듬으시며 이렇게 말했어요.

"할아버지! 이번 방학은 할아버지 집에만 있고 싶어요!"

민지의 애교 섞인 말에 할아버지는 함박웃음을 지으셨어요.

"원, 녀석들도 참. 그렇게 좋아?"

무거운 짐과 선물을 잔뜩 들고 있던 아빠와 엄마가 말씀하셨어요.

"네! 엄마, 아빠보다 더 좋은걸요!"

"하하하!"

민지의 말에 엄마, 아빠, 할아버지, 할머니, 민우와 민지까지 모두 큰 소리로 웃었어요.

"할아버지! 이번 방학에는 또 무엇을 알려 주실 거예요? 물고기 잡는 법? 잠자리와 매미 잡는 법?"

민우가 잔뜩 기대에 부풀어서 물었어요.

"음, 민우가 요즘 발명에 관심이 많다고 해서 할아버지가 더 많은 것을 보여주려고 계획했단다! 기대하렴. 아직은 비밀이야."

쟁반 가득 모락모락 김이 나는 찐 감자를 담아 민우와 민지에게 건네며 할머니가 말씀하셨어요.

"너희 아빠도 어렸을 적엔 발명가가 꿈이었단다."

"할머니, 그게 정말이에요?"

아빠의 어릴 적 이야기를 듣는 것도 시골에 내려와서 생활하는 큰 재미 중에 하나랍니다.

"그럼, 집에 있는 물건이란 물건은 모두 뜯어서 망가뜨려 놓곤 했지. 밖에 놀러 나가면 온갖 물건을 주워와서 밤새 붙여보고 떼어 보고 그러다가 다치기도 했어."

할머니 얘기를 듣던 민지가 아빠를 가리키며 말했어요.

"아빠도 말썽꾸러기였나 봐요!"

"어머니도 참, 손주들에게는 좋은 말만 해 주세요."

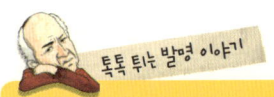

**말라버린 밀가루 반죽,
버리기는 아까워!**

콘플레이크

미국의 한 요양소에서 일하는 존 켈로그는 사람들에게 영양소를 골고루 갖춘 음식을 제공하는 것이 늘 연구 과제였어요. 형의 일을 돕던 동생 윌 켈로그는 어느 날 밀가루 반죽을 익히다가 그만 시간을 놓쳐 반죽을 못 쓰게 되고 말았어요. 윌은 딱딱하게 말라버린 반죽을 버리는 것이 너무 아까워 납작하게 만들어 보았어요. 그랬더니 잘게 부순 바삭바삭한 밀가루 조각이 되었지요. 윌은 그 조각을 튀겨서 맛도 좋고 영양도 만점인 콘플레이크를 만들었어요. 형이 원하는 바로 그 음식이었지요!

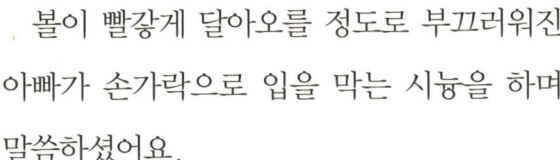

볼이 빨갛게 달아오를 정도로 부끄러워진 아빠가 손가락으로 입을 막는 시늉을 하며 말씀하셨어요.

"덕분에 네 아빠는 발명대회에서 상도 많이 받고 했단다. 발명가가 되지는 못했지만 그때 노력한 덕분에 지금의 멋진 아빠가 되지 않았겠니?"

마지못해 할아버지가 아빠의 체면을 세워 주셨어요.

"할머니, 그런데 저건 뭐예요?"

두리번두리번 집을 살펴보던 민우가 벌써 신기한 것들을 발견했나 봐요. 민우의 호기심은 정말 못 말려요.

"응, 버려진 페트병을 활용해서 잡곡을 모아두는 병으로 쓰고 있는 거란다. 그 옆의 통은 다 마신 우유팩을 씻어 말려서 비닐봉지 보관함으로 사용하고 있고."

"우와! 할머니께서는 정말 버리는 게 없으시네요!"

분리수거조차도 귀찮아했던 민우는 할머

니를 존경하는 눈으로 바라보았어요. 버려지는 물건을 새롭게 쓴다는 것은 한 번도 생각해 보지 못했었거든요.

민우가 놀라는 모습을 보며 할아버지가 말씀하셨어요.

"이 녀석, 나중에 알려 주려 했더니 벌써 알아버렸구나. 이번 방학에 할아버지가 민우에게 보여주려고 계획한 것이 바로 이것이란다. 버려지는 물품을 재활용해서 멋진 아이디어 작품 만들기! 민지도 할 수 있겠지?"

민우와 민지는 한목소리로 대답했어요.

"좋아요!"

흐뭇한 표정으로 바라보시는 엄마, 아빠. 따뜻한 손으로 꼬옥 안아 주시는 할아버지, 할머니. 애교 넘치는 민우와 민지 덕분에 이번 방학도 시골집에 웃음소리가 끊이지 않을 것 같네요.

페트병에 잡곡을 모아둔단다.

민우의 발명노트

방법 버려진 것도 다시 보자!

빌려오기 할머니의 재활용 보관함

생각하기 버려진 것을 다시 쓰는 것은 돈이 들지 않고 환경도 보호할 수 있다는 큰 장점이 있다. 버려지는 물건을 바라보며 어디에 쓸 수 있을까 고민해 보면 반드시 아이디어가 떠오를 것 같다.

시작하기 버려지는 물품을 하나하나 살펴보고 재미있는 과학 원리를 적용하거나 도구를 이용하여 분해, 조립하는 방법 찾기

분석하기 할아버지 집 근처에 사과농장이 많다. 그런데 사과를 먹으러 오는 새들 때문에 과수원의 한해 농사를 망치곤 한다. 스피커를 설치해서 큰 소리를 내기도 하고 반사판을 사서 깔아두기도 한다. 반사라면 버려지는 물품에도 많다! CD, 과자봉지의 안쪽 면 등을 활용해봐야겠다.

스케치하기

반성하기

버려진 CD는 많은 양을 구하기가 쉽지 않을 것 같다. 또 다른 방법을 생각해 보니 페트병에 물을 담고 한쪽만 은박지를 붙이면 물의 반사, 은박지의 반사가 같이 일어날 것 같다. 과수원의 농부를 돕는 방법을 더 생각해 봐야겠다.

에디슨 씨의 톡! 쏘는 한마디

버려지는 물품을 재활용하여 새로운 발명품을 만드는 것은 매우 의미 있는 일이에요. 환경도 보호하고 원래 그 물건이 가지고 있던 기능과 형태를 그대로 사용할 수 있어 만들기도 훨씬 쉽답니다. 조금만 바꾸어도 다시 새로운 생명을 불어넣을 수 있어요.

1. 가지고 있는 기능을 그대로 활용해요.

버려지는 물건의 원래 기능을 그대로 활용하면서 살짝 바꾸어 주기만 해도 멋진 발명품이 완성된답니다. 전자제품의 센서, 구하기 힘든 신소재 등을 쉽게 응용할 수 있기 때문이에요. 굳이 크게 바꾸지 말고 그 기능을 조금만 바꾸어 보세요.

2. 이것저것 붙여 보고, 떼어 보세요.

과감하게 분해해보기도 하고 다른 기능을 붙여 보기도 하세요. 자신의 역할을 다했기에 후회 없이 과감하게 시도하세요. 잘못되거나 고장 날까 봐 두려워할 필요가 없답니다.

3. 놀이 도구를 만들어 보아요.

어린이들에게 가장 쉬운 아이디어는 놀이 도구예요. 재활용품을 활용해서 놀이 도구 만들기를 먼저 시작해 보세요. 무궁무진한 아이디어가 나올 거예요. 그러다 보면 어느새 놀이 도구가 아닌 발명품을 만들고 있는 자신을 발견할 수 있어요.

발명가의 발명노트 엿보기

요구르트병 방음벽

버려지는 요구르트병을 활용하여 방음벽을 만들었다. 기존의 방음벽이 5~6dB 정도의 소음을 감소해 주는 데 반해, 요구르트 방음벽은 10~18dB나 낮춰 준다. 재활용 용기를 사용하여 자원을 절약할 수 있고, 경제적인 부담이 적어 가격 대비 성능비가 높다. 피아노실에 방음벽을 설치한다고 했을 때, 기존의 방음벽이 300만 원이라면 요구르트 방음벽은 5만 원도 되지 않으면서 효과는 더 좋다.

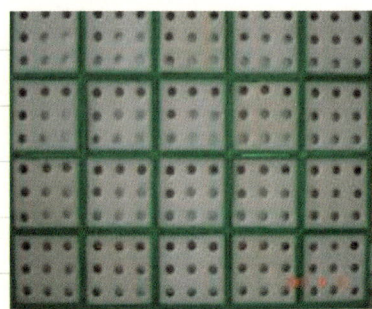
방음벽(앞면)

방음벽(뒷면)

'재활용 용기를 활용한 방음 블럭'
제29회 전국학생과학발명품경진대회 금상 수상작(제천여자중학교 조성은)

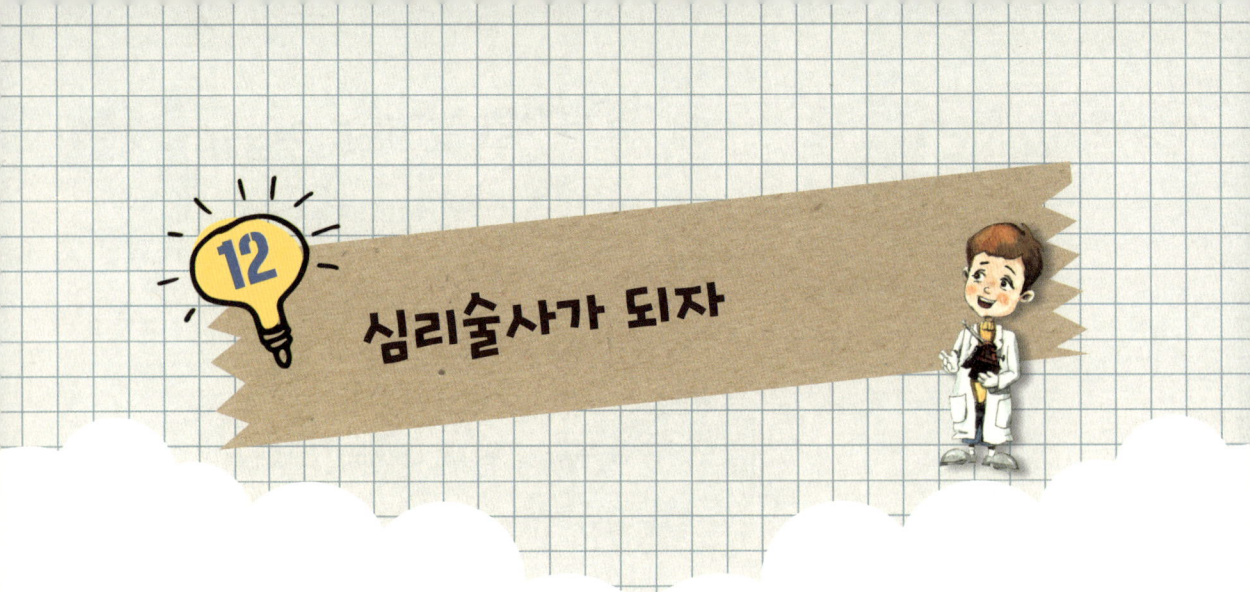

12 심리술사가 되자

"엄마, 가지는 왜 자르시는 거예요?"

민우는 화분에서 키우는 식물의 가지를 자르는 엄마를 보며 물었어요.

"식물에 꼭 필요한 일이어서 그래."

엄마는 잎을 어루만지시며 말했어요.

"그냥 물만 주면 저절로 잘 자라잖아요?"

민우는 도무지 이해가 되질 않았어요.

민우네 베란다에는 화분이 정말 많아요. 햇빛도 잘 들어오고 민우가 가끔 잊어버리지만 그래도 물도 잘 주어서 식물들은 무럭무럭 자라고 있어요. 그런데 가끔 엄마는 가위로 식물의 잎이나 가지를 자르기도 하고 식물을 화분에서 뽑아 버린 후 흙을 바꾸기도 해요. 때때로 화분을 바꾸기도 하고요.

"엄마, 잘 자라고 있는 식물들을 너무 귀찮게 하는 것 같아요. 그냥 그대로 두어도 될 것 같은데……."

민우는 저러다 식물이 죽지는 않을까 걱정 가득한 표정으로 엄마를 바라보았어요.

"민우는 식물의 마음을 이해하려고 해 본 적이 있니?"

엄마는 하던 일을 멈추고 민우와 눈높이를 맞추며 나지막한 목소리로 물으셨어요.

"네? 식물의 마음이요? 에이, 식물에 마음이 어디 있어요?"

민우는 이해할 수 없었어요. 식물한테 마음이 있다는 것을 생각해 본 적이 없거든요.

"말을 하지 못하는 식물도 마음을 가지고 있단다. 그 마음을 이해해야 더 행복하게 쑥쑥 자라날 수 있어."

"정말요?"

민우는 놀라는 표정으로 물었어요.

"그럼, 지금 이 식물은 가지들이 많이 자라서 무겁고 힘들어하고 있단다. 필요 없이 웃자란 가지를 잘라주길 바라고 있어. 그리고 민우가 물을 잘 주어서 좋다고 하는구나. 그런데 양분이 부족한 것 같아. 영양제를 뿌려주거나 분갈이를 해서 흙이나

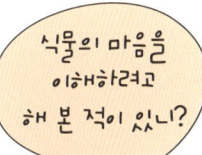

식물의 마음을 이해하려고 해 본 적이 있니?

화분을 바꾸어 주면 좋을 것 같네."

엄마의 말씀을 듣고 보니 진짜 그런 것 같아요. 그 마음도 모르고 식물들이 그동안 얼마나 힘들었을까 생각하니 민우는 식물에 미안해졌어요.

"엄마, 제 생각이 너무 짧았던 것 같아요. 앞으로는 식물의 마음을 이해하려고 노력해야겠어요."

민우는 머리를 긁적이며 말했어요.

"식물뿐만이 아니란다. 혹시 사람의 마음을 이해하려고 노력한 적이 있니?"

엄마는 이때다 싶어 민우에게 배려와 사랑의 마음을 가르치려고 하셨어요.

"음, 민지와 싸우고 나서 화해할 때, 내가 민지를 괴롭혀서 힘들었겠다는 생각이 들어 미안한 마음이 들기는 했어요."

민우는 기억을 더듬어가며 오래전 일을 떠올렸어요.

"그래, 엄마도 그렇단다. 식사 준비를 할 때마다 아빠와 민우와 민지의 마음을 이해하고 메뉴를 선택하지. 잠을 잘 때 민우가 덥다고 뒤척이면 다음 날 가벼운 이불로 바꾸어 두기도 하고."

민우는 갑자기 엄마가 대단해 보였어요.

"우와! 엄마는 항상 우리를 생각하고 계시는 거예요?"

"그럼. 때로는 힘들지만 상대방의 마음을 읽고 이해하려고 노력하면 상대방이 더 편하고 즐겁지 않겠니?"

오늘따라 엄마의 말씀이 민우 귀에 쏙쏙 들어왔어요. 그리고 민우는 엄마의 말이 발명 아이디어로 들렸어요.

"엄마! 발명도 그런 것 같아요!"

엄마는 황당하다는 듯 민우를 바라보셨어요. 발명 이야기가 아니라 민우에게 배려와 사랑을 가르치려 한 거였거든요.

"얼마 전 읽은 신문기사에서 화장품 개발자의 대부분이 남자라는 이야기를 읽었거든요. 그 남자들은 화장품 개발을 할 때, 여자의 마음을 이해하려고 노력한다고 들었어요. 직접 화장을 해 보기도 하고 설문조사를 하기도 하고요."

민우는 마음이 들떴어요. 지금이라도 뭔가 떠오를 것 같았거든요.

"엄마! 결심했어요. 나도 엄마를 위해 뭔가를 해봐야겠어요!"

"왜?"

"지금까지 우리 마음을 이해하고 노력해 주셨으니 이제는 제가 엄마

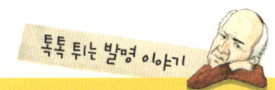

톡톡 튀는 발명 이야기

진짜 버터는 아니지만 버터 맛이야!
마가린

순 우유의 지방으로 만든 버터는 가난한 프랑스 사람들에게는 그림의 떡이었지요. 값이 너무 비쌌거든요. 과학자인 이폴리트 무리에는 순 우유의 지방으로 만든 버터를 먹고 싶어 하는 사람들의 마음을 헤아려서 소의 지방을 이용해서 값이 싼 버터를 만들어 냈어요. 버터와 맛도 모양도 비슷했지만 진짜 버터는 아니었지요. 무리에는 가짜 버터의 이름을 '진주 같다'라는 뜻의 그리스어에서 아이디어를 얻어 '마가린'이라고 정했어요. 하지만 요즘은 몸에 해로운 소의 지방 대신 야자유 같은 식물성 지방을 써서 마가린을 만든답니다.

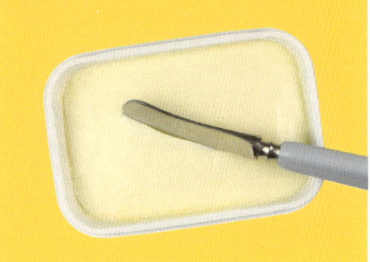

제2장 발명! 나도 해 볼까? 115

의 마음을 이해하고 엄마를 위해 아이디어를 낼 차례예요. 엄마! 기대하세요! 엄마를 위한 멋진 발명품을!"

자신감이 가득한 민우의 이야기를 들은 엄마는 흐뭇한 표정으로 민우를 바라보셨어요.

"하하하, 말만 들어도 참 고맙구나. 그래! 기대할게!"

민우의 발명노트

방법   심리술사가 되어 보자!

빌려오기   식물의 마음을 이해하는 우리 엄마

생각하기   상대방의 마음을 이해하면 그 사람을 위한 아이디어를 찾을 수 있을 것 같다. 이번에는 감사의 마음을 담아 엄마를 위한 발명을 해 봐야지.

시작하기
1. 엄마의 생활 중 불편해 보이는 것을 찾아보기
2. 내가 엄마라면 어떤 생각과 마음을 가지고 있을까?
3. 어떤 아이디어가 엄마에게 편리함과 기쁨을 주는지 생각하기

분석하기   새싹채소와 샐러드를 좋아하는 엄마. 매번 채소를 마트에서 사 오는 불편함. 비싸기도 하고 다시 씻어야 하니 번거롭기도 하다. 집에서 직접 수경재배를 하면 좋을 것 같다. 좋아! LED를 이용한 수경재배 장치를 만들어 보자. 장치를 놓아둘 위치는…… 베란다? 부엌? 그래! 수경재배 식탁을 만들어야겠다. 식탁에 앉아 바로 수확해서 먹을 수도 있고 LED가 있으니 예쁘기도 하고 자라는 모습을 관찰할 수도 있으니 재미있을 것 같다.

스케치하기

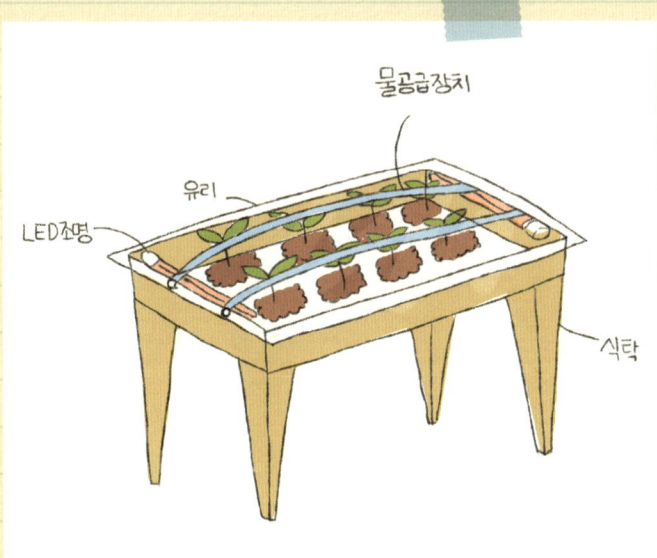

반성하기 원래 있던 우리 집 식탁을 치우고 새롭게 식탁을 놓아야 한다. 과연 그럴 만한 가치가 있을까? 만드는 비용도 만만치가 않다. 부모님께 도움을 구하고 더 상의를 해봐야겠다.

누군가의 마음을 읽는 것은 쉬운 일이 아니에요. 하지만 누군가를 위해 아이디어를 낸다는 것은 즐거운 일이겠죠? 나의 아이디어로 상대방이 편리하고 즐겁다면 그보다 더 큰 기쁨은 없답니다.

1 사랑하는 사람을 생각하세요.

부모님, 가족 등 사랑하는 사람을 생각하면 아이디어가 더욱더 잘 떠오를 거예요. 내가 받은 사랑을 생각하며 보답의 마음으로 발명해 보세요. 내가 좋아하는 사람이 기뻐할 것을 상상하면 더 멋진 발명품이 탄생할 거예요.

2 직접 물어보세요.

상대방의 마음을 이해하는 가장 빠른 방법은 그 사람에게 물어보는 거예요. 무엇이 불편한지, 어떻게 변하면 좋겠는지, 이렇게 바꾸면 만족할지 등등을 살짝 물어보면 발명 노트가 더 풍부해질 거예요.

3 내가 아닌 '남'을 생각하세요.

내가 보았을 때는 부끄러울 수도 있고 뭔가 부족해 보일 수 있는 아이디어가 누군가에게는 혁신적인 발명품일 수 있어요. 나의 마음이 아닌 상대방의 마음에 드는 것이 중요하답니다.

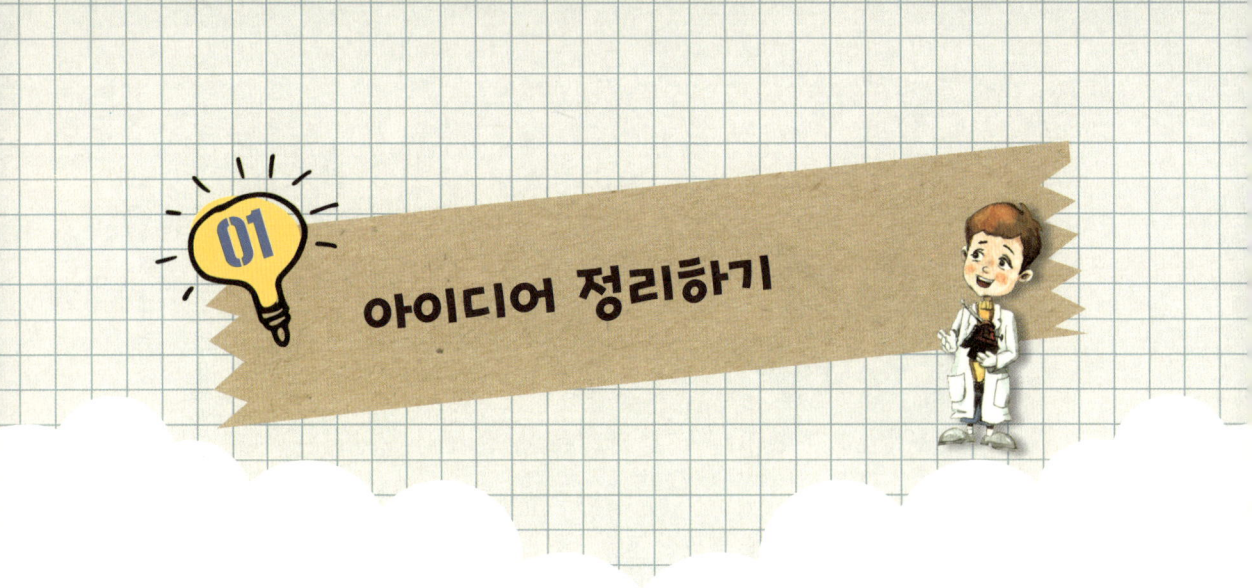

01 아이디어 정리하기

"우와! 민우의 발명 아이디어가 정말 대단한걸?"

방바닥에 떨어져 있는 민우의 발명노트를 본 아빠가 말씀하셨어요.

"그래요? 아빠, 혹시 저 기분 좋으라고 하는 말씀은 아니죠? 저 진짜 잘한 거죠?"

민우는 아빠의 칭찬에 어깨가 으쓱해졌어요.

"응, 아빠가 보니 이 중에 빨리 특허를 내야 할 아이디어들이 몇 개 있는 것 같아."

아빠의 표정이 진지해지신 걸 보니 거짓말은 아닌 것 같아요. 민우도 아빠의 이런 모습을 처음 보았어요. 항상 장난만 치던 아빠의 진지한 모습이라니. 활짝 웃던 민우도 금세 진지한 모습으로 아빠 곁에 다가갔어요.

"아빠, 그런데 왜 빨리 특허를 내야 해요?"

"응. 특허는 먼저 등록하는 사람이 그 권리를 가지기 때문이야. 같은 아이디어를 가진 사람은 많지만 먼저 그 권리를 가져야 자신의 발명품이 될 수 있지."

아빠의 말에 민우는 심각해졌어요. 발명노트를 쓰기만 했지, 특허를 어떻게 내야 하는지는 전혀 몰랐기 때문이에요. 더구나 이렇게 빨리 내야 하는지도 생각하지 못했거든요.

"아빠! 그럼 빨리 해요!"

민우는 다급해졌어요. 누군가가 내 아이디어를 먼저 등록하면 이 발명노트는 종잇조각에 불과할 거예요.

"민우야, 이럴 때일수록 침착하게 해야지. 다급한 마음에 빨리하다 보면 실수를 하거나 중요한 아이디어를 놓칠 수 있어."

아빠는 흥분한 민우의 머리를 쓰다듬으며 말씀하셨어요.

"좋아요. 후우! 그럼 무엇부터 시작할까요?"

심호흡을 길게 한 민우는 의욕에 찬 목소리로 아빠에게 물었어요.

"좋아! 그럼 어디 한번 보자. 먼저 민우의 노트 중에 특허를 낼 만한 아이디어를 찾아서 깨끗하게 정리해 보자꾸나. 혹시 꼭 먼저 해보고 싶은 아이디어가 있니?"

아빠는 노트를 앞뒤로 뒤적이며 물어보셨어요.

"음…… 엄마를 위한 아이디어가 있어요! 그게 가장 좋을 것 같아요."

민우는 한 달 뒤, 생신을 맞는 엄마에게 꼭 특별한 선물을 하고 싶었어요.

"그래? 좋아. 그럼 민우가 그 아이디어의 장점을 설명해 볼래? 발명품으로써 가치가 있는지 아빠가 듣고 싶구나."

아빠는 민우에게 날카롭게 질문을 하셨어요. 혹시 민우가 의욕만 앞선 것은 아닌지 걱정이 되었기 때문이지요.

"네! 지금부터 설명할게요!"

민우는 발명노트를 넘기며 말했어요. 그리곤 자신에 찬 목소리로 아빠 앞에 당당히 섰어요.

"일단 요즘 웰빙 시대를 맞아 채소를 먹는 사람들이 많아요. 다이어트도 많이 하고요. 그런데 채소를 집에서 직접 재배할 수 없다 보니 사 먹게 돼요. 사 먹는 사람은 많아지는데 손질된 깨끗한 채소의 생산은 많지 않다 보니 가격이 비쌀 수밖에요. 그래서 최근에 베란다 텃밭 등으로 집에서 직접 재배해서 먹는 사람도 많다고 해요. 흙에 재배하면 가장 좋은데 집에서는 힘든가 봐요. 그래서 영양분이 가득한 물로 흙을 대신해 수경재배를 하기도 해요. 흙에서 자라는 벌레나 해충이 없으니 채소도 깨끗하고요. 하지만 수경재배는 햇빛이 잘 드는 공간이 필요한데 집에는 하루에 햇빛이 몇 시간 들지 않아요. 그리고 공간을 많이 차지해 베란다도 복잡해지고요. 손쉽게 재배하고 공간도 차지하지 않으며 햇빛도 필요하지 않으면 좋을 것 같아요. 그래서 LED로 재배하는 수경재배 식탁을 만들었어요. 식탁이 투명해서 디자인도 예쁠 것 같고 식탁에 앉은 자리에서 채소를 바로 따먹을 수도 있어요. 채소가 자라는 모습을 관찰할 수도 있어서 저와 민지의 자연관찰에도 도움이 될 것 같아요. LED와 영양액은 타이머를 설정해 자동으로 움직이니 엄마가 힘들게 관리할 필요도 없다는 장점이 있어요. 어때요?"

민우의 긴 설명을 들은 아빠는 입이 떡 벌어졌어요. 민우에게 이런 아이디어가 있다니요! 과학대회에서 상 한 번 받아보지 못한 민우가 발명에 관심을 가지고 노트를 쓰기 시작하더니 이렇게 변하게 될 줄은 상상도 하지 못했거든요.

"우와! 아빠가 민우한테 이렇게 놀란 적은 처음이야!"

민우도 이렇게 큰 칭찬을 받을 줄 몰랐나 봐요.

"하하하! 정말요? 아빠! 나 기분 엄~청 좋아요!"

항상 칭찬을 받는 쪽은 민지였는데, 이렇게 칭찬을 받다니요. 민우는 너무나 기뻤어요.

"좋아. 민우야, 조금만 더 다듬으면 멋진 발명품이 될 것 같구나. 지금부터 너의 아이디어를 깨끗하게 정리해 보자. 어디부터 어떻게 정리하면 좋을까?"

아빠는 흥분된 목소리를 감추지 못하고 말을 더듬으며 민우에게 말씀하셨어요.

"일단 마인드맵으로 다시 한번 정리해 볼게요."

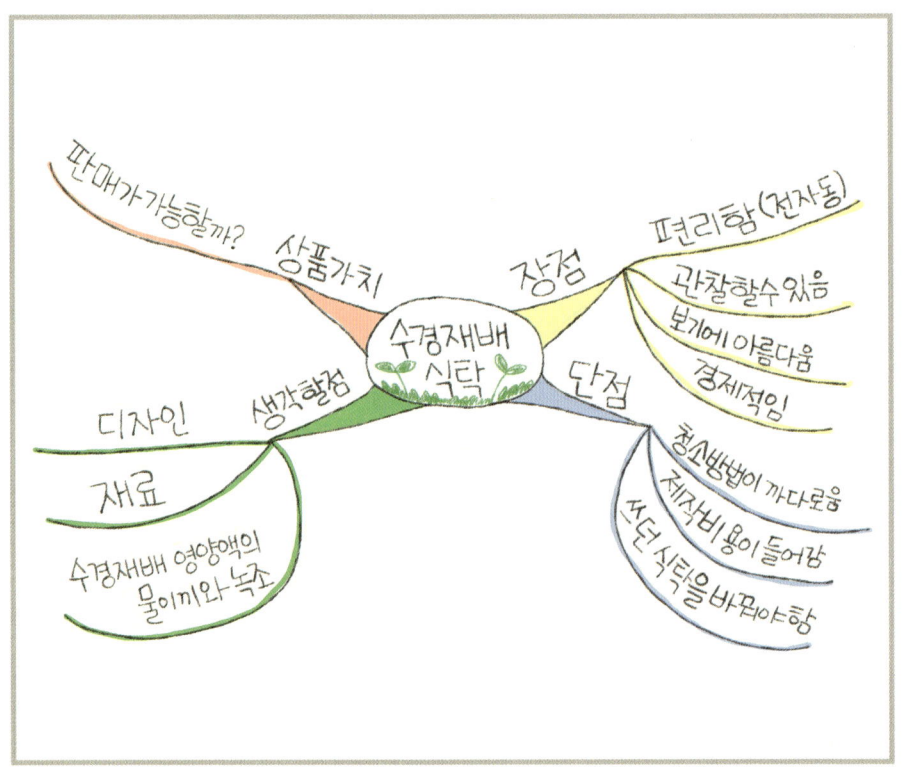

02 나만의 아이디어가 맞을까?

"**민우가** 이제 마인드맵도 능숙하게 쓱쓱 잘 그리는구나!"

아빠는 연필과 사인펜, 색연필을 사용해 한눈에 보기 쉽게 정리하는 민우를 보고 감탄하셨어요.

"발명노트를 쓰면서 꾸준히 사용했더니 이제 습관이 되었나 봐요."

아빠의 칭찬에 민우는 마음이 뿌듯했어요.

"자, 그럼 다음 단계로 넘어가 볼까? 일단, 이 아이디어가 민우만의 아이디어인지 확인해 보아야 해. 누군가 먼저 특허등록을 했다면 그 권리는 민우 것이 아니라 그 사람 것이겠지? 한 번 찾아보자."

"아! 아빠 말이 맞아요. 제가 어렵게 고민해서 만들었는데 이미 팔고 있는 제품일 수도 있잖아요. 설마 수경재배 식탁이 벌써 등록된 건 아니겠죠? 그런데 어디서 찾아요?"

민우는 머리를 긁적이며 걱정되는 표정으로 아빠를 바라보았어요.

"가장 기본적으로 특허 정보 검색 서비스(www.kipris.or.kr)가 있단다. 어디 한 번 들어가 볼까?"

아빠는 노트북을 가져오셨어요. 인터넷 게임만 좋아하던 민우라서 컴퓨터를 금지했던 아빠인데, 오늘은 마음껏 컴퓨터를 사용하게 할 생각이신 모양이에요.

"우와! 아빠, 검색할 수 있는 것이 엄청 많아요. 특허, 실용신안, 디자인, 상표, 해외특허, 아이디어 공모전 작품 등등 너무 좋은데요?"

민우는 눈이 휘둥그레졌어요. 이런 검색 사이트가 있을 것이라고 예상은 했지만 이렇게 많은 아이디어를 쉽게 검색할 줄은 몰랐거든요.

"자, 그럼 무엇을 입력해 볼까?"

자판에 손을 올린 채 아빠가 민우에게 물으셨어요.

"수경재배, 수경재배 식탁! 이 두 가지를 먼저 검색해 볼까요?"

민우는 집중하며 모니터를 바라보았어요.

"검색해 보니 재미있는 것이 많구나. 가정용 수경재배 장치, 다양한 수경재배 시스템 등등. 비슷한 것도 있는걸? 식탁에 올리는 덮개 있는 채소 화분도 있구나. 자세히 살펴볼까?"

민우는 심장이 두근거렸어요. 수경재배와 관련된 특허가 이렇게 많을 줄은 몰랐거든요. 역시 세상에는 숨은 발명의 고수들이 많은 것 같아요.

"아빠, 제 아이디어와 같은 것은 없어요?"

민우는 떨리는 목소리로 아빠에게 질문했어요. 아빠는 심각한 표정으로 한참 동안 모니터를 살펴보셨어요.

"음, 다행히 민우의 아이디어와 같은 것은 없는 것 같네. 그래도 혹시 모르니 해외 특허와 포털사이트 상품검색도 해 보자."

"네! 특허에는 없으니 이제 마음이 조금 놓여요."

민우는 이제야 겨우 떨리는 심장이 가라앉았어요.

아빠는 이곳저곳 사이트에서 검색을 하시더니 민우를 바라보며 밝게 웃었어요. 그리곤 손을 꼬옥 잡고 말했어요.

"민우야! 특허를 내보자! 아빠가 찾아보니 민우의 아이디어는 아직 이 세상에 없어. 우리 민우가 한번 이 아이디어를 탄생시켜 보자!"

03 그림을 그려보자

"아빠는 민우에게 자세히 들어서 이 발명품이 무엇인지 대충은 알 것 같아. 하지만 처음 듣는 사람들은 이해하기 힘들겠지? 그러면 무엇을 하면 좋을까?"

"설명서를 만들고 그림을 그리면 좋을 것 같아요!"

특허 사이트 검색을 하면서 아빠 어깨너머로 특허 내용들을 잘 살펴본 민우는 모든 특허에는 자세한 설명과 도안, 그림이 있다는 것을 기억하고 있었어요.

"좋아! 민우가 직접 해 볼까?"

본격적으로 특허를 내기에 앞서 민우는 발명노트에 간단히 그려놓았던 아이디어를 자세히 그려 보기로 했어요.

"네! 알겠습니다!"

마치 군인놀이를 하듯 민우는 씩씩하게 아빠에게 대답했어요.

"아빠, 스케치를 하다 보니 제가 생각했던 것과는 많이 달라요."
한참 동안 스케치를 하던 민우가 아빠에게 말했어요.
"그래? 어떤 어려움이 있니?"
아빠는 민우의 스케치를 찬찬히 살펴보셨어요.
"어렵지는 않아요. 오히려 도움이 되는 것 같아요. 자세히 그리니까 그림을 그리면서 제 아이디어가 더 분명해 지는 것 같아요. 또 단점도 쉽게 발견 할 수 있어서 얼른 수정할 수 있었어요."
"그래. 사람은 누구나 머릿속으로 상상하고 생각하는 것은 쉽게 한단다. 하지만 직접 손으로 그리거나 만드는 것은 그보다 훨씬 어렵지. 어쨌든 민우가 또 하나를 배웠구나. 좋아, 스케치를 마무리하고 다음 단계로 넘어가 보자!"

설명서를 그려 보자!

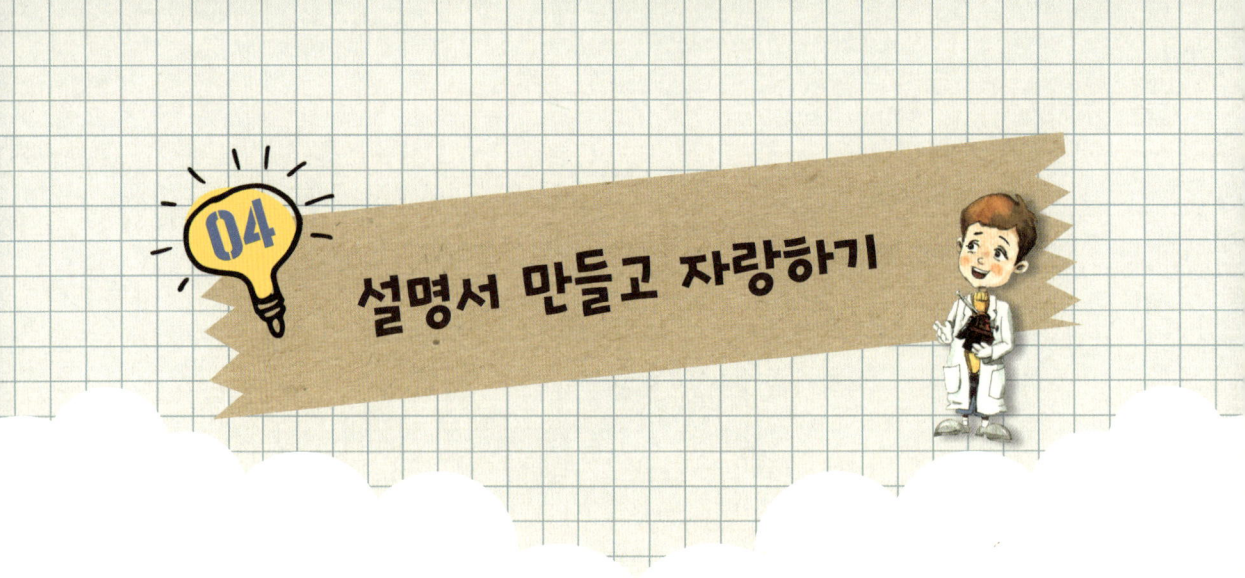

04 설명서 만들고 자랑하기

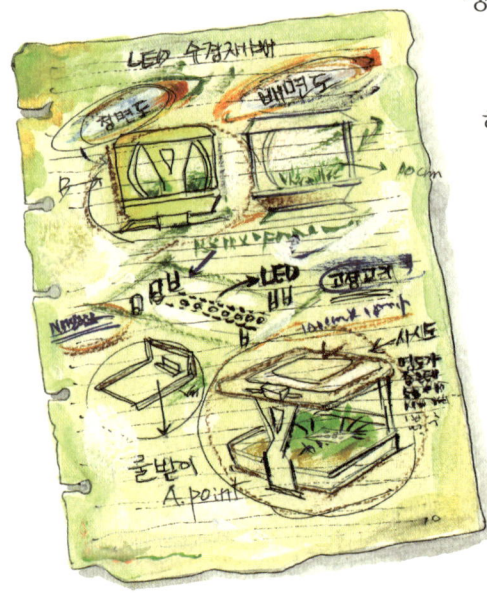

쓱싹쓱싹 완성된 민우의 발명 도안 스케치. 이제 여기에 자세한 설명을 써 놓아야겠죠? 각 부분의 원리와 작동 방법, 재료는 무엇으로 사용할지, 크기는 어느 정도인지 자세히 설명하는 것이 좋답니다.

그리고 자신이 만들 발명품의 장점을 자랑해보세요. 어떤 사람이 많이 이용할지, 비용은 어떤지, 어떤 점이 편리한지, 어떤 점에서 효과가 많은지 등 남들과 차별화된 장점을 자랑하세요. 내 아이디어가 돋보일 수 있도록 장점을 최대한 강조하되 단점을 숨기지는 마세요. 때로는 작은 단점 하나가 상품을 매력적으로 만들기도 한답니다.

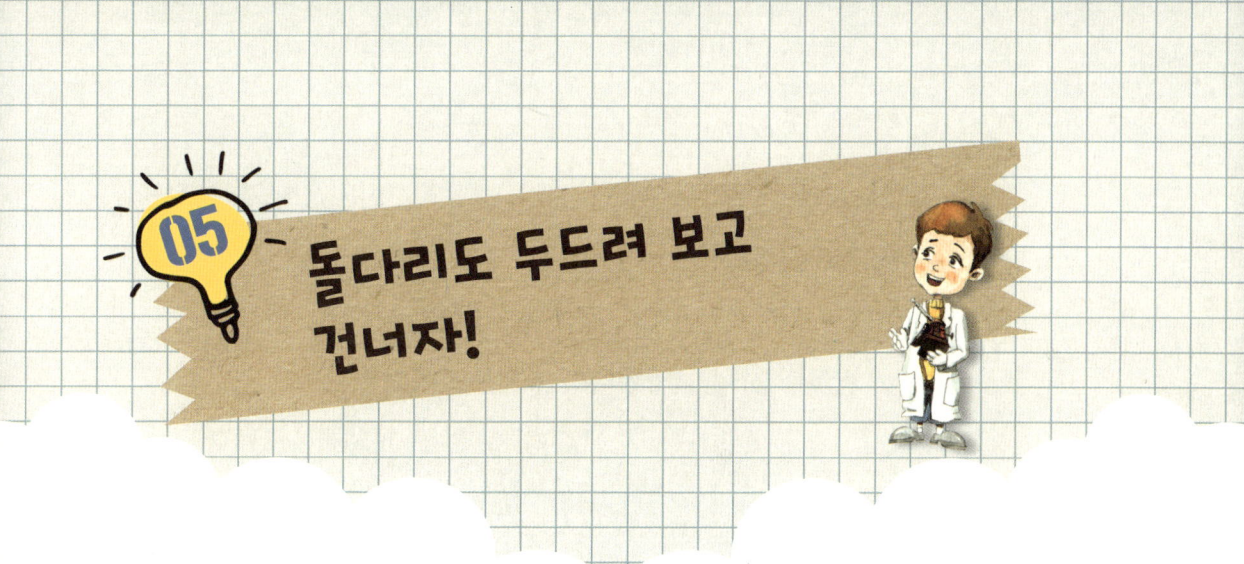

05 돌다리도 두드려 보고 건너자!

민우의 1차 설명서가 완성되기 직전이네요.

"아빠! 그림도 다 그렸고 설명도 자세하게 써 놓았어요. 이제 특허청에 가면 되는 거예요?"

들뜬 민우는 어서 빨리 특허등록을 하고 싶은지 아빠를 재촉했어요.

"하하하! 민우야, 아직 가야 할 길이 멀단다. 지금까지 한 것은 시작에 불과해요."

아빠는 들뜬 민우의 모습이 귀여운지 볼을 꼬집으며 말씀하셨어요.

"네? 이제 시작이라고요? 다 한 것 아니에요?"

민우는 이해할 수 없었어요. 분명히 아까 특허검색을 할 때 보았던 다른 특허들의 그림과 설명을 똑같은 방법으로 그대로 다 작성했거든요.

"혹시 돌다리도 두드려 보고 건너라는 속담을 알고 있니?"

제3장 이제 나도 발명가! 133

"네, 잘 아는 일이라도 세심하게 주의를 하라는 말이잖아요. 아하! 발명도 다 했다고 자랑할 것이 아니네요. 다시 한번 살펴봐야겠어요."

민우는 머릿속에 번쩍! 번개가 쳤어요. 급했던 마음을 차분하게 하고 다시 한번 천천히 작성한 설명서를 살펴보았어요.

"아빠, 제 눈에는 이상한 점이 보이질 않아요. 문제점을 찾기가 어려워요."

한참을 살펴보던 민우가 아빠에게 도움을 청했어요.

"그래, 무엇이든 자신이 작성한 것을 스스로가 평가하는 것은 매우 어려운 일이란다. 그때는 다른 사람의 도움을 받는 것이 가장 좋지. 누구에게 도움을 받아 볼까?"

"음…… 엄마에게는 깜짝 선물을 해야 하니까 보여드리면 안 될 것 같아요. 아! 채소 재배를 잘하시는 시골의 할머니! 우리, 할머니께 여쭈어보아요!"

민우는 평소 식물을 좋아하고 시골집에 놀러 가면 언제나 채소 텃밭을 보여주시던 할머니가 생각났어요.

"그래, 그것 좋은 생각이구나. 할머니께서는 채소 요리도 좋아하시니 부엌에서 수경재배 식탁이 어떻게 이용될지, 단점은 무엇일지 잘 평가해 주실 거야. 그럼 아빠가 민우의 설명서를 사진으로 찍어서 할머니 휴대폰으로 전송하마."

"좋아요! 그런데 엄마에게는 비밀이라고 꼭 전해 주세요!"

민우는 손가락을 입술에 갖다 대며 아빠에게 말했어요.

이렇게 하여 민우는 할머니뿐만 아니라 할아버지, 민지, 아빠, 학교 선생님께 발명 아이디어를 보여드렸어요. 주변의 여러 사람에게 자신의 아이디어를 평가받고 단점을 찾아 수정하기로 하였답니다.

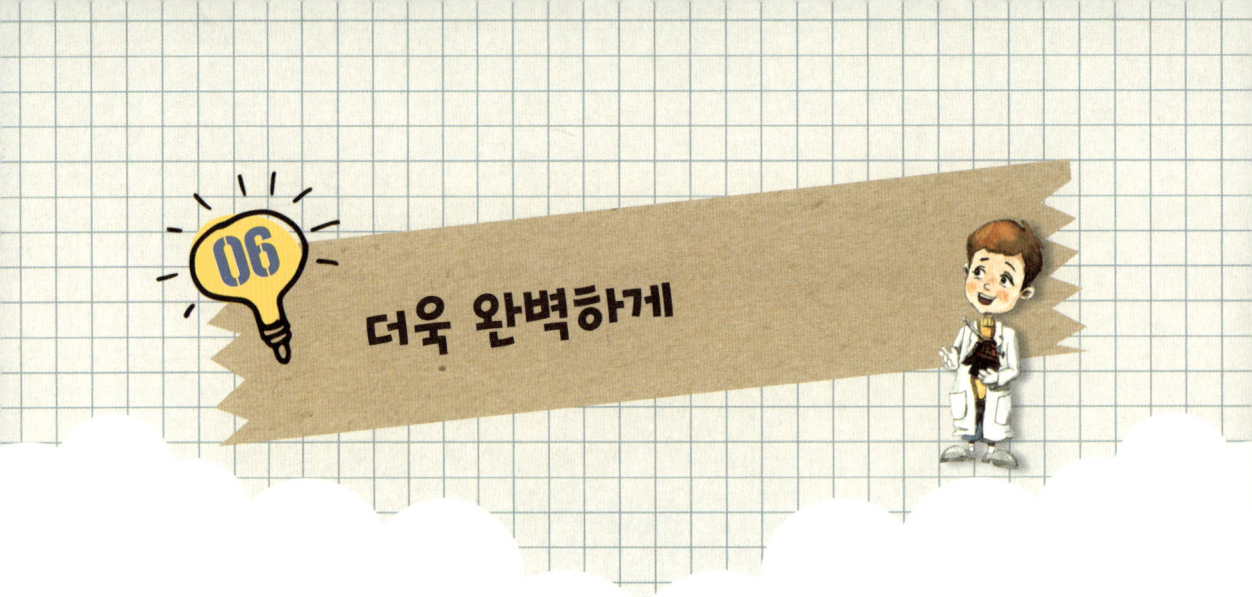

06 더욱 완벽하게

며칠 뒤, 할머니가 전화를 하셨어요.
"우리 예쁜 손자! 이게 정말 네가 생각한 아이디어니? 발명왕 에디슨보다 우리 민우가 백 배는 더 똑똑한 것 같구나."

할머니는 민우가 너무 예쁜 듯 침이 마르도록 칭찬하셨어요. 할머니께 항상 듣던 말이지만 민우는 오늘따라 더욱 기분이 좋았어요.

"할머니, 너무 감사해요. 나중에 예쁘게 만들어서 할머니 댁에도 수경재배 식탁을 선물하고 싶어요. 혹시 제 아이디어에 단점이 있나요? 무엇인 것 같아요?"

민우는 급한 마음에 할머니에게 수경재배 아이디어를 얼른 평가받고 싶었어요.

"그래, 아이디어가 참 좋은데 몇 가지는 민우가 고치면 좋겠더구나. 먼저 수경재배를 하면 잎의 증산작용(식물의 잎에 있는 수분이 수증기가 되어 빠져나가는 현상)으로 투명한 식탁이 뿌옇게 변할 거야. 그러면 관찰도 어렵고, 보기에도 좋지 않겠지? 습기를 배출하고 산소가 공급될 수 있도록 환기가 되는 방법을 연구하면 좋겠구나. 또 수경재배에 쓰이는 영양액은 영양분이 많아서 미생물이 잘 번식한단다. 그래서 물이 녹색으로 바뀌는 녹조 현상이 생기기도 하지. 하지만 방법이 있단다. 이런 것을 미리 확인만 할 수 있으면 돼. 미리 확인하고 영양액을 교체하거나 영양액의 농도를 바꾸어 주면 되거든. 영양액이 흐르는 관의 일부분을 눈에 잘 띄도록 해 놓으면 될 것 같구나."

할머니는 차근차근 민우에게 설명해 주셨어요. 민우는 얼굴이 화끈거렸어요. 완벽한 아이디어인 줄 알았는데 이런 문제점들이 있었다니!

"우와! 할머니가 아니셨으면 큰일 날 뻔했어요. 저는 그런 단점을 생각하지 못했거든요! 너무 감사해요, 할머니!"

부끄러운 민우는 전화기를 든 채 꾸벅 인사를 했어요.

"그래, 민우가 더 멋진 발명품을 만드는데 할머니가 조금이나마 도움이 되었다니 기쁘구나. 아빠에게 잘 물어보고 멋지게 고쳐서 다음에는 더 기쁜

소식으로 통화하자!"

전화기 너머로 할머니의 따뜻하고 인자한 미소가 보이는 듯했어요.

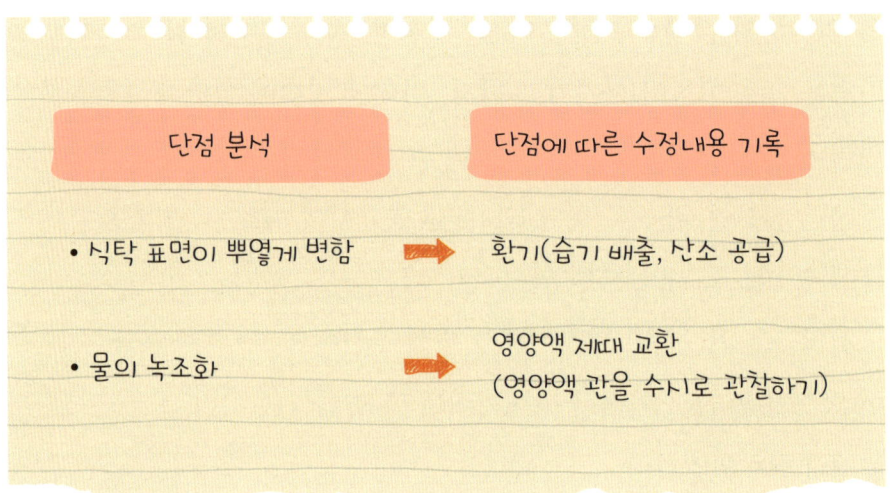

07 마지막 정리하기

그림도 그리고 설명서도 쓰고 단점을 분석해서 또 다시 그림을 그리고 설명서를 썼어요. 지우고 수정하기를 여러 번 반복하고 나니 민우도 이제 슬슬 힘들어졌나 봐요. 한쪽 팔을 베게 삼아 책상에 엎드려 있네요.

"민우야! 이거 한번 볼래?"

퇴근하고 돌아온 아빠가 민우를 부르셨어요. 혹시 맛있는 것을 사오신 건 아닐까 생각하고 민우는 힘들고 무거운 몸을 일으켜 터벅터벅 거실로 나가보았어요.

"우와! 아빠, 이건 뭐예요?"

아빠 손에 들린 것은 종이 한 장이었어요. 그런데 그 종이에 멋진 그림이 그려져 있지 뭐예요! 바로 민우의 발명품 그림이었어요. 컴퓨터 3D 그래픽 프로그램으로 그려져서 마치 실제 사진 같았어요.

"아빠가 민우가 스케치한 것을 가지고 컴퓨터 그래픽 디자인하는 분께 부탁드려 보았단다. 어때, 이렇게 보니 네 아이디어가 더욱 멋지지 않니?"

"아빠! 사랑해요!"

민우는 아빠를 와락 껴안았어요. 내 발명을 위해 같이 힘써 준 것만 해도 고마운데 이렇게 멋진 그림까지! 3D로 그려 놓으니 민우는 자신의 아이디어인데도 자신의 발명품이 아닌 것 같은 기분이었어요.

"자, 이제 아빠가 멋지게 도안을 정리해 왔으니 마무리를 해 볼까?"

"마무리요? 이제 특허를 내러 가는 거예요?"

민우는 지금이라도 당장 엄마에게 자랑하고 싶었어요. 하지만 깜짝 선물이니 비밀로 해야 했지요. 들뜬 마음을 뒤로한 채 아빠와 다시 방에 들어와 노트북 컴퓨터를 열었어요.

"민우가 지금까지 정리한 그림과 설명, 그리고 아빠가 가져온 3D 그림을 한군데에 모아 보자. 종이에 써도 좋지만 파일로 만들면 특허를 의뢰하기 좋겠지?"

민우는 그 어느 때보다 신이 났어요. 컴퓨터 게임은 이미 잊은 지 오래된걸요. 민우는 타닥타닥 소리를 내며 자판을 열심히 두드렸어요.

특허를 의뢰하기 전, 최종적으로 내용을 정리하고 실제로 작동되는 모형을 만들기도 해요. 발명품의 원리를 그림보다 더욱더 잘 이해할 수 있고 그 자리에서 단점도 바로 파악할 수 있기 때문이에요.

  하지만 꼭 해야 하는 단계는 아니에요. 민우의 경우에는 모형을 만들려면 비용이 많이 들고 시간도 오래 걸려 아빠와 의논 끝에 생략하기로 했어요. 대신 특허를 먼저 출원한 후에 아빠와 함께 직접 만들어 보기로 했지요. 어려운 부분이 생기면 전문가에게 의뢰를 해 보기로 하고요.

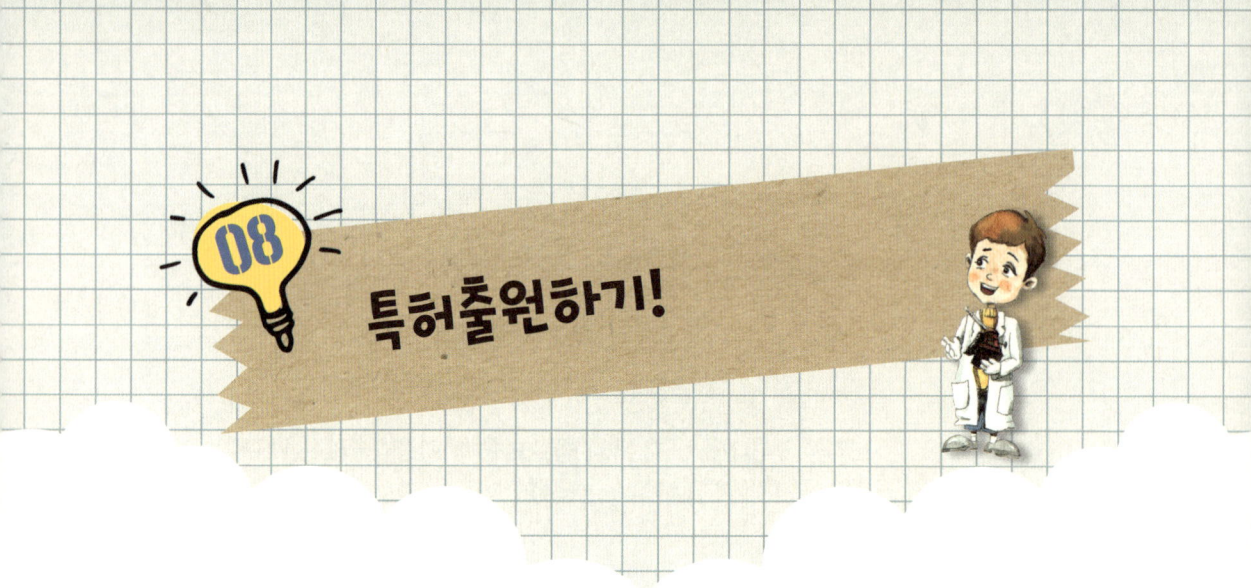

08 특허출원하기!

특허 출원 방법은 여러 가지가 있답니다. 먼저 자신이 직접 하는 방법! 하지만 이 방법은 공부하지 않고서는 쉽지 않아요. 더구나 특허는 어려운 용어를 많이 쓰기 때문에 어린이들이 하기에는 불가능에 가깝답니다. 그래서 사람들이 많이 하는 방법은 특허를 대신 출원해 주는 특허법인 또는 변리사에게 의뢰하는 것이에요. 이분들은 특허 출원을 전문으로 하는 분들이라 아이디어를 더욱 돋보이게 만들어 주기도 해요. 특허출원 양식에 맞게 도안을 그리고 설명도 다시 정리하여 작성하여 준답니다. 하지만 그만큼 비용이 든다는 단점이 있어요.

야호! 특허 통지서 나왔다!

마지막 방법은 어린이들의 특권! 무료 변리가 있어요. 변리란 일을 맡아서 대신해 주는 것을 말하는데, 특허를 전문으로 대신해 주는 사람들을 변리사라고 하지요. 대한변리사회에서는 어린이들을 위해 무료로 특허출원을 해 주고 있어요. 우리 어린이들이 아이디어에 관한 내용을 잘 정리해 두었다면 무료변리제도를 이용하는 것도 좋겠죠?

1. 대상
학생(초등~대학의 재학생), 기초생활수급자, 국가유공자 및 가족, 장애인, 중소기업

2. 무료변리의 범위
1) 출원에서 등록까지
2) 1인당 1년에 1건만 신청
3) 학생, 국가유공자, 장애인, 기초생활수급자는 특허·실용신안에, 중소기업은 최초특허출원으로서 특허로 한정(디자인, 상표 제외)

* 신청서 작성, 신청 서류 등 더욱 자세한 사항은 대한변리사회 홈페이지(www.kpaa.or.kr)를 참고하세요.

"따르르릉!"

전화벨 소리가 울리고 아빠가 전화를 받으셨어요. 한참을 웃으며 통화하던 아빠가 민우 방으로 급하게 오셨어요.

"민우야! 오늘은 기념일로 지정해야겠구나! 드디어 특허출원이 완료되었다고 하는구나!"

흥분한 아빠의 이야기를 듣자마자 침대에 누워 책을 읽던 민우는 벌떡 일어났어요.

"정말요? 야호!"

민우는 뛸 듯이 기뻤어요. 비록 특허등록이 되려면 몇 년을 기다려야 할지 모르지만 출원을 했다는 사실만으로도 민우는 벌써 발명가가 된 듯 너무나 기뻤어요.

"변리사님께서 네 아이디어가 너무 좋고 내용 정리도 잘 되어 있어서 어려움 없이 빨리 출원할 수 있었다고 하시는구나. 축하한다!"

아빠는 오른손을 민우에게 내미셨어요.

"네! 아빠가 없었더라면 할 수 없었을 거예요."

아빠의 손을 잡고 악수를 하며 민우가 말했어요.

"출원 통지서를 네 메일로 보내었다고 하니 출력해서 가보로 간직해야겠는걸?"

아빠는 민우의 손을 꼬옥 잡으며 방긋 웃으셨어요.

09 출원 후 할 수 있는 일들

"오빠, 나 이번에도 반드시 상 받을 거야!"

학교 과학발명대회 접수 기간. 매년 동생 민지는 이 대회에서 상을 받아왔어요. 민우가 발명노트를 쓴 계기도 동생 민지가 발명대회에서 상을 받는 것이 부러웠기 때문이었어요. 이제야 드디어 우리 가족에게 민우의 실력을 보여 줄 때가 왔네요. 마침 이번 발명대회는 자연과 사람이라는 주제로 열렸어요.

'좋아! 이번에는 민지에게 지지 않겠어!'

민우는 단호한 의지로 발명대회 참가 신청서를 작성하였어요. 이제 이런 신청서는 민우에게 식은 죽 먹기예요. 민우는 신청서에 아이디어를 정리하고 그림을 그리며 설명을 자세하게 기록했어요. 차별화된 장점도 적어서 아이디어를 더욱 돋보이게 했지요.

며칠 뒤 발명대회 시상식이 있는 날이에요. 교장 선생님의 말씀이

제3장 이제 나도 발명가! **145**

이어지고 잠시 후, "발명대회 최우수상! 김민우!" 하는 소리가 울려 퍼졌어요.

앗! 믿을 수가 없어요. 민우가 전교 최우수상이라니! 단 한 번도 상을 받아보지 못했는데. 상을 받으러 교장 선생님 앞까지 나가야 했지만 발걸음이 떨어지질 않았어요. 세상에 민우 혼자 있는 듯 민우는 아무 소리도 들리지 않았거든요. 잠시 후 정신을 차려 보니 주변 친구들의 박수 소리와 앞으로 나오라는 선생님의 목소리가 들렸어요.

"김민우 어린이는 햇살초등학교 과학발명대회에서 최우수상의 성적으로……."

너무 긴장해서 바로 앞에서 말씀하시는 교장 선생님 목소리도 귀에 들어오지 않았어요. 민우는 어리둥절하며 상을 받고 단상을 내려왔어요.

학교 수업이 끝나고 집으로 가기 전, 발명 담당 선생님이 민우를 부르셨어요.

"민우야, 이제 교육청 대회를 거쳐서 성적이 좋으면 시 대회와 전국대회도 나가게 될 텐데 그러려면 민우 아이디어의 모형을 제작해야 한단다. 아이디어를 작품으로 직접 만드는 것은 쉬운 일이 아니지만 한번 해 볼 수 있겠니?"

선생님은 조심스럽게 민우에게 물으셨어요. 작품 제작이 쉽지 않은 일이다 보니 선생님도 민우에게 의견을 묻고 싶었거든요.

"네, 해 보겠습니다!"

민우는 자신감 있는 목소리로 당당하게 대답했어요.

"그래, 좋구나. 그럼 부모님과 선생님이 함께 도와줄 테니 한번 해 보도록 하자!"

집으로 돌아온 민우는 가방도 내려놓지 않은 채 엄마에게 달려갔어요.

"엄마! 나, 발명대회 최우수상!"

집이 떠나가라 소리를 지르며 엄마에게 상장을 내밀었어요.

"우와! 정말?"

엄마는 믿을 수 없다는 듯 상장을 바라보셨어요.

"응. 그렇다니까!"

민우는 우쭐한 표정으로 엄마에게 상장의 '김민우' 이름을 손가락으로 가리켰어요.

"우와! 우리 민우 대단한걸? 오늘은 민우가 제일 좋아하는 메뉴로 저녁을 먹어야겠다. 아빠에게도 일찍 퇴근하시라고 문자를 보내야겠다."

엄마의 손이 빨라지기 시작했어요. 매번 민지를 칭찬해 주긴 했지만 내심 민우에게 많이 미안했었거든요. 오늘은 오랜만에 밝아진 민우의 모습을 보니 엄마도 마음이 즐거워졌어요.

며칠 뒤 엄마의 생신날. 민우가 엄마에게 방문을 열어 보시라고 했어요. 며칠 동안 민우 방에 들어오시지 말아달라 부탁했거든요. 방에서 무엇을 하는지 엄마에게는 계속 비밀로 하고는 뚝딱뚝딱 소리가 온 집을 울렸어요.

"짜잔!"

민우는 보물을 보여 주듯 방문 앞에 서 있어요. 엄마는 두 손으로 가렸던 눈을 떴어요.

"우와! 민우야, 이게 뭐야?"

엄마는 눈이 휘둥그레 해졌어요.

"내가 준비한 엄마 생일 선물! 수경재배 식탁!"

발명대회 모형도 만들 겸, 엄마의 선물도 만들 겸 민우는 아빠와 선생님의 도움을 받아 일주일 동안 수경재배 식탁을 만들었지요. 투명 아크릴을 사용하느라 아크릴 가게의 사장님의 도움도 여러 번 받았답니다.

엄마의 환한 얼굴에 눈물이 고였어요. 민우가 이 선물을 하기 위해 노력했던 모습이 눈앞에 보이는 듯했거든요.

"민우야, 고마워."

엄마는 민우의 눈높이에 맞춰 자세를 낮추시고는 민우를 가볍게 안았어요. 민우의 볼에 느껴지는 엄마의 눈물이 그 어느 때보다 더 따뜻하게 느껴졌어요.

출원을 해도 등록이 될 때까지는 시간이 걸려요. 이럴 때 가만히 기다리고 있는 것보다 의미 있는 일들을 하는 것이 좋아요. 학교에서 개최하는 발명대회뿐만 아니라 한국발명진흥회 등 각종 관공서나 단체에서 주최하는 아이디어 대회들이 많이 열린답니다. 이러한 대회 참가는 내 아이디어를 많은 사람에게 검증받고 알리는 기회가 되기도 합니다.

또한 내 아이디어를 실제 모형이나 제품으로 제작해 보는 것을 해보세요. 물론 부모님이나 선생님의 도움이 필요해요. 재료에 따라 업체나 공장을 찾아봐야 하고 전문가의 상담도 받아야 하며 돈도 들기 때문이지요. 이처럼 발명은 아이디어 하나로만 이루어지지 않아요. 그 아이디어를 실현하는 것도 발명의 일부랍니다. 다행히 요즘은 발명 아이디어를 실제 제품으로 제작해 주는 업체들이 많이 생겨나고 있어요. 내가 직접 만들어 보고 그것이 어렵다면 전문가에게 상담을 받거나 제작 의뢰를 해 보는 것도 좋겠죠?

아이디어 보호 제도의 종류

특허만이 아이디어를 보호하는 제도는 아니랍니다. 특허 외에도 여러분의 아이디어를 지켜줄 수 있는 제도가 있어요. 우리나라에서는 아이디어를 보호하는 제도 전체를 지식재산권이라고 하는데 특허와 관련된 것은 그중에서도 산업재산권이라고 해요. 산업재산권에는 특허권, 실용신안권, 디자인권, 상표권 이렇게 4가지가 있어요. 한 번 살펴볼까요?

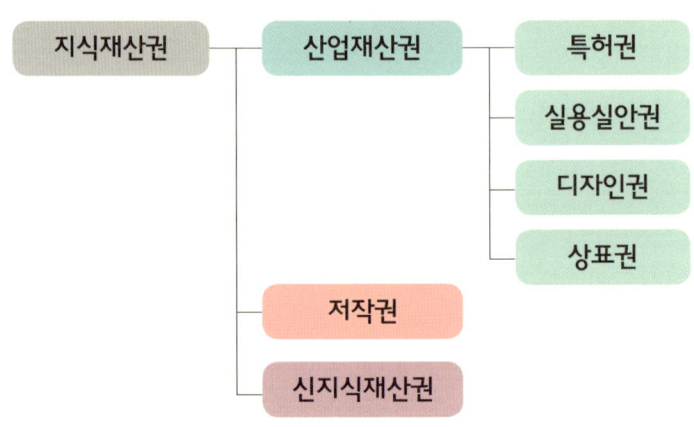

특허권

자연법칙을 이용한 기술적 사상의 창작으로서 고도한 발명 (매우 높은 수준의 발명이며 누가 보아도 매우 창의적이고 혁신적인 것으로 생각하면 돼요.)

실용실안권

자연법칙을 이용한 기술적 사상의 창작이 고안(물품의 모양, 구조, 조합에 관련된 발명이 많으며 특허보다는 수준이 낮으나 충분히 발명으로 가치가 있는 것으로 생각하세요.)

디자인권

시각적인 물품의 디자인을 권리로 보호해요.

상표권

상품 및 서비스에 사용되는 표시, 즉 브랜드를 보호해 준답니다.

부모님과 함께 읽는 페이지

4장
호호샘, 도와주세요!
- 내 아이 발명가 만들기 프로젝트

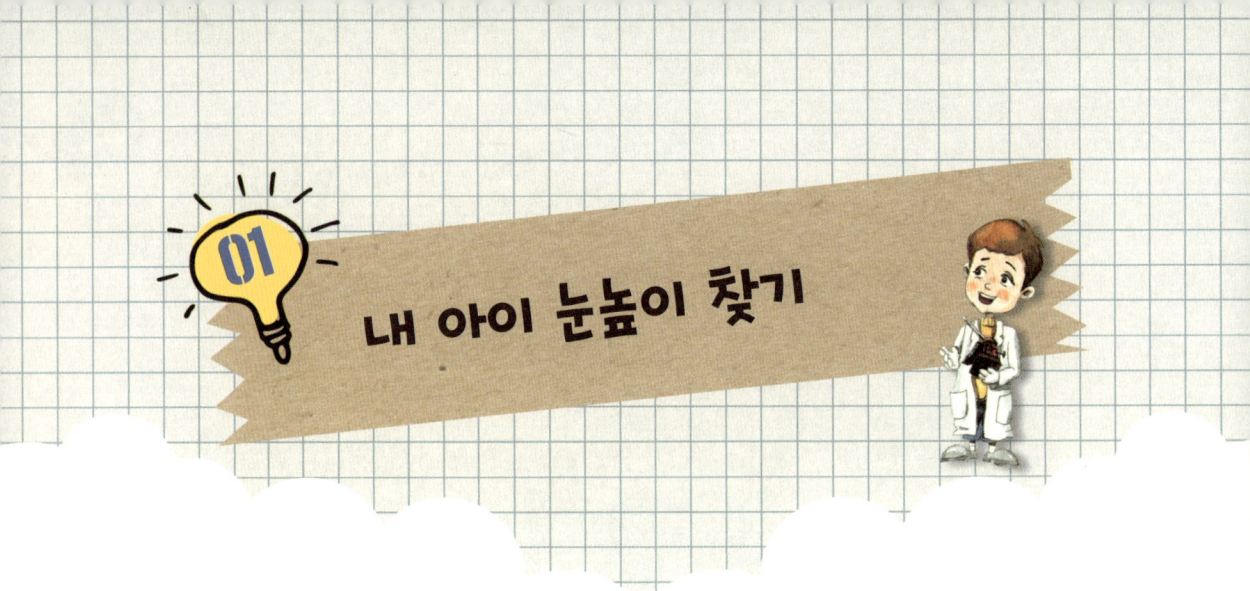

내 아이 눈높이 찾기

아무리 재미있고 신기한 과학 원리라고 해도 수준이 너무 높거나 반대로 너무 낮으면 흥미를 느낄 수 없어요. 너무 오래된 지식도, 너무 앞서나가는 지식도 자녀에게 적절하지 않답니다. 가장 중요한 것은 지금 현재 자녀의 눈높이를 찾는 것이에요.

자녀가 무엇에 관심이 있는지, 지금 자녀의 수준은 어느 정도인지, 자녀의 눈높이가 어디인지 모르겠다고요? 걱정하지 마세요! 자녀에게 조금의 관심만 가져 준다면 금방 찾을 수 있어요!

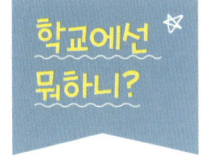

자녀의 하루일과 24시간 중, 가장 많은 시간을 보내는 곳은 학교랍니다. 맞아요! 바로 교과서에 정답

이 있어요. 과학뿐만 아니라 국어, 사회, 수학, 실과 등 자녀가 지금 배우고 있는 교과서 내용 중 흥미를 끌 만한 장소, 여행지, 탐구주제 등을 찾아보세요. 초등학생의 경우, 학년 또는 학기마다 권장하는 체험학습들이 교과서에 제시된답니다. 예를 들어 4학년 1학기 사회에는 촌락과 도시의 모습이 등장하고 '강화도'라는 특정 지역이 자세하게 소개되기도 해요. 그 속에는 강화도의 특산품, 지리, 박물관, 생활모습 등 자녀가 흥미를 느낄 수 있는 많은 주제가 있답니다. 과거와는 다르게 통합교과를 지향하는 최근 교과서에는 과학, 사회뿐만 아니라 국어나 수학, 심지어는 음악과 미술에도 체험이나 재미있는 주제들이 아이들의 호기심을 자극하고 있지요.

　교과서를 일일이 읽기 귀찮다고요? 심지어 자녀가 교과서를 집에 가져오지 않는다고요? 괜찮아요. 자녀에게 직접 물어보세요. 시각적인 내용이 뛰어나고 흥미가 가득한 교과서이기 때문에 자녀는 분명 기억할 거예요. 최근 배운 재미있는 내용이나 직접 체험해보고 싶은 장소나 주제들을 술술 말할 거예요. 너무 많아서 아마 받아 적어야 할지도 몰라요.

제4장 호호샘, 도와주세요! 155

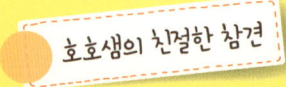 호호샘의 친절한 참견

공부 방법 중, 가장 효과적인 방법이 예습과 복습이라는 것은 다들 아시죠? 자녀가 배운 내용 중에 해 보고 싶은 것을 함께하는 복습도 좋지만, 조금 더 관심을 가져서 미리 자녀가 배울 내용을 훑어보고 그 활동을 해 준다면 그보다 더 좋은 예습은 없겠죠? 평일이나 주말이 힘들다면 방학을 이용해도 좋아요. 예를 들어 2학기 교과서를 미리 보고 가 볼 만한 장소나 체험을 여름방학에 몇 가지 해 보는 거지요. 방학이 끝나고 2학기가 시작되었을 때, 더 자신감 있는 아이의 모습을 발견할 수 있어요.

사람의 기억력은 그다지 좋지 못해서 가장 최근의 사건만을 선명하게 기억한답니다. 그리고 그 기억이 머릿속에 잔상으로 남아 있기 마련이에요. 자녀도 마찬가지랍니다. 최근의 기억을 자녀와 함께 떠올려 보세요. 선명한 최근의 기억이 자녀의 관심사일 확률은 100%입니다. 관심사를 바탕으로 자녀와 함께 재미있는 활동을 할 수 있다면 자녀의 탐구력과 상상력은 더욱 풍부해지겠죠? 어려워 마세요. 부모의 역할은 단지 멍석을 깔고 안내만 해 주면 된답니다. 나머지는 자녀가 다 알아서 할 거예요. 지금 자녀는 그 관심사에 몰입되어 있거든요. 행복한 표정으로 자신의 세계를 마음껏 만들어 갈 거예요.

> **호호샘의 친절한 참견**
>
> 어떤 기억을 더듬는 것이 좋을지 모르겠다고요? 아래에서 찾아보세요.
>
> **시사 주제** : 최근의 시사를 생각해 보세요. 뉴스나 신문에서 나왔던 이야기도 좋고 최근 화젯거리도 좋아요. 새로 발표된 혁신적인 기술도 좋고 뛰어난 전자제품도 좋지만 때로는 있는 그대로의 일상적인 이야기도 좋아요. 더운 날씨를 주제로 뽑았다면 선풍기나 에어컨의 원리를 알아보고 만들어 보는 것도 좋고, 전염병을 주제로 뽑았다면 손소독제를 직접 만들어 보는 활동도 좋겠지요.
>
> **최근 본 것** : 평소 자주 보지 못했던, 새로운 것이면 더욱 좋겠지요? 예를 들어 열기구를 보았다면 열기구의 원리, 방향 바꾸는 방법, 열기구의 단점을 분석하고 새로운 열기구 만들어 보기 등의 활동을 해 보면 좋을 것 같아요.
>
> **최근 체험한 것** : 이미 체험한 활동도 좋은 주제가 될 수 있어요. 가족 여행 중에 체험한 것이나 학교 체험활동으로 했던 내용도 좋아요. 예를 들어 목장체험을 했다면 목장에서 찾을 수 있었던 다양한 기구나 기계를 조사하기도 하고 목장에서 보았던 식물과 동물을 다시 관찰하고 조사해 보는 활동도 재미있답니다.

아이들에게 "너의 취미가 무엇이니?"라고 물으면 선뜻 대답하지 못한답니다. 그렇지 않으면 "독서요.", "운동이요." 등과 같은 취미를 대답하는 아이가 부지기수지요. 여기서 말하는 취미는 그런 취미가 아니에요. 진짜 내 아이의 취미가 무엇인지 알려면 직접 관찰해 보아야 해요. 시간이 생기면 무엇을 하고 싶어 하는지, 친구들과 어떤 놀이를 하고 어떤 대화를 재미있게 나누는지 살펴보면 된답니다. 쉬운 일은 아니겠지만 그렇다고 어려운 일도 아니에요. 조금의 관심만 있어도 금방 찾을 수 있습니다.

발명이나 과학을 좋아하는 것과는 별개로 자녀는 꿈을 가지고 있답니다. 부모님이 원하는 가짜 꿈이 아닌, 자녀가 되고 싶은 진짜 꿈! 그 꿈과 관련된 내용을 접하게 해 주면 좋아요. 그것이 바로 자녀의 진짜 관심사이며 진심으로 해 보고 싶은 것이랍니다. 누구든 내가 진심으로 원하는 것을 할 수 있는 환경이 된다면 몰입할 수밖에 없어요. 약간의 도움으로 자연스럽게 진로 교육까지 이루어질 거예요.

호호샘의 친절한 참견

2015년 6월, 진로교육법이 제정되었답니다. 그 이후, 아이들에게 진로 교육을 받을 수 있는 쉽고 다양한 길이 생겼습니다. 지방 단체, 각 교육기관 등이 진로 교육에 적극적으로 협력하게 되었으며, 공공기관은 진로 체험의 기회를 의무적으로 제공하게 되었어요. 이제는 어렵지 않게 진로와 관련된 다양한 체험과 교육을 받을 수 있습니다. 어느 기관이든 미리 신청만 하면 무상으로 다양한 진로 체험 프로그램을 제공받을 수 있고 직접 일일 체험도 할 수 있어요. 더 많은 정보가 필요하다면 사이버진로교육센터, 커리어넷, 워크넷, 진로진학정보센터 등에 접속해 보세요. 무료 진로적성검사와 함께 재미있는 동영상, 진로체험 소개 등을 찾아볼 수 있습니다. 진로 정보를 제공하는 스마트폰 어플리케이션도 많아요! 더 쉽고 간편하게 찾아 보세요.

02 누구와 함께하는 것이 좋을까?

아이의 관심사는 찾았는데 다음 방법을 모르겠다면 먼저 누구와 함께할지 고민해 보세요. 많은 아이가 친한 친구와 하는 것을 좋아하지만 실제로 친한 친구와 모든 활동을 끝까지 재미있게 하는 경우는 드물답니다. 상황에 따라 관심사가 다를 수도 있고 의견 충돌이 생기기도 해서 그렇습니다. 그렇다면 누구와 함께하는 것이 좋을까요?

자녀 혼자 하기

혼자 하는 활동이 필요할 때도 있어요. 자신 있어 하는 주제의 만들기, 검색을 통한 조사 탐구 등은 자녀 혼자 하게 두는 것이 더 좋아요. 때때로 도와주고 싶어서 옆에 다가가면 짜증을 내는 모습을 본 적이 있을 거예요. 그것은 도움을 받기 싫거나 부모에게 토라져서 그런 것이 아니라 혼자서 몰입하고 있는 상황이 흐트러져서 그런 거예요. 그럴 때는 혼자서 끝까지 할 수 있도록 가만히 지켜만 봐 주세요. 어린아이라 할지라도 아이들은 부모님이 생각하는 것 이상으로 자기주도적이며 스스로 할 수 있는 일이 많답니다. 자녀를 믿으세요!

가족과 함께하기

가족과 함께하는 것은 탐구 환경을 만드는 가장 좋은 활동이에요. 부모님은 자녀의 성격, 행동 패턴 등을 그 누구보다 잘 알고 있어 동기유발을 쉽게 할 수 있답니다. 또, 거의 모든 요구사항을 들어 줄 준비가 되어 있어요. 공부하고 탐구하고 싶다는데 부탁을 거절할 부모님은 거의 없으시거든요. 또한 가족과 함께한다는 것은 몸과 마음이 가장 편안한 상태를 만들 수 있다는 것과 같아요. 자녀에게 부모님은 세상 그 누구보다 편안한 쉼터이며 가장 안전한 곳이니까요. 이러한 환경에서 탐구하고 발명

하고 체험한다면 더 효과가 높아지겠죠?

단, 가족과 함께하는 활동은 부모님의 리더십이 가장 중요하답니다. 아이들에게 신뢰감을 줄 수 있을 정도의 계획을 지니고 있어야 하며, 일정이나 탐구과정을 체계적으로 안내하고 이끌어 갈 수 있어야 해요. 아이들은 누구나 혼자 할 때보다 부모님과 함께할 때 긴장의 끈을 놓는답니다. '엄마아빠가 다 계획하고 해 주시겠지.'라는 생각을 반드시 갖고 있어요. 혹시 지금까지 여행지 그늘에 누워 낮잠만 쿨쿨 자던 아빠였다면 자녀를 위해 지금부터라도 함께해요!

호호샘의 친절한 참견

가족에는 부모님만 있는 것이 아니죠? 형제자매도 있고 할아버지, 할머니도 있어요. 또, 자주 만나는 가까운 사촌도 있고 가끔 만나는 먼 친척도 있어요.

가족과 함께해야 한다는 의무감에 부모님만 고생할 필요는 없겠죠? 때로는 아이들이 다른 가족들과도 함께할 기회를 주세요. 시골에 사는 할아버지, 할머니가 있다면 그곳에서 자연 탐구를 해도 좋고 전통문화 체험 등을 통해 아이디어를 확산할 기회를 줘도 좋아요. 특히 주말이나 방학을 이용하여 긴 시간 동안 할아버지, 할머니와 교감할 기회를 준다면 서로에게 잊지 못할 추억이 될 거예요.

친구들과 함께하기

친구들과 함께하는 방법은 가장 쉽고 효과적인 방법 중 하나예요. 서로의 눈높이를 비슷하게 할 수 있으며 마음을 즐겁게 만들어 주거든요.

하지만 모든 활동을 친구들과 함께하기란 쉽지 않답니다. 수준 차이가 생기기도 하고 시기, 질투를 하게 되기도 해요. 또, 탐구나 활동의 본래 목적에 집중하지 못하고 웃고 떠들다가 시간이 다 지나가지요. 그러다 보면 안전사고의 위험도 크고 학업 능력과 창의성 등을 계발시키기보다 장난기만 더 늘어나게 되기도 한답니다. 이런 것들만 조심할 수 있다면 더없이 좋은 동료가 될 수 있을 텐데 아쉬울 때가 많아요.

따라서 내용의 수준이 높지 않은 활동, 고도의 집중력이 필요하지 않은 탐구, 웃고 대화하면서 서로의 의견을 교환할 수 있는 활동, 몸을 부대끼면서 함께 움직이는 활동 등을 친구와 함께 하면 좋아요.

제4장 호호샘, 도와주세요!

> **호호샘의 친절한 참견**
>
>
> 무조건 친하고 관심사가 같은 친구만 함께하는 것이 아니라 친하지 않은 친구, 관심사가 다른 친구도 함께하면 좋아요. 분위기가 더 어색해질 거로 생각하겠지만 오히려 분위기는 더 화기애애하고 좋답니다. 서로에 대한 나쁜 감정을 잘 드러내지 않고 완충 역할을 해 주며 약간의 긴장을 유발하기 때문이지요. 덕분에 주제에 더욱 집중할 수 있게 됩니다. 또 관심사가 다르면 더 다양한 의견이 나오기도 해요. 오히려 관심사가 같을수록 의견충돌이 잦답니다.

주변 인재 활용하기

부모님 주변에는 수많은 인재가 살고 있어요. 동생은 제빵사, 회사 동료는 RC 비행기가 취미, 모임에서 만난 친구는 악기 전공, 친척은 선생님. 멀리서 찾지 마세요. 1초의 용기만 있다면 인재를 충분히 활용할 수 있답니다. 특히 부모님의 친구들이 가진 직업을 살펴보세요. 짧게는 몇 년, 길게는 십여 년간 그 분야에 몸담아 왔기 때문에 그 누구보다 전문가일 거예요. 때로는 이웃 주민 중에서 찾을 수도 있고 우리 가족이나 친척 중에서도 찾을 수 있어요. 직업에서 찾을 수도 있지만 사소한 취미에서도 찾을 수 있답니다. 누구나 도와주는 것을 즐겨한답니다. 나의 도움으로 상대방이 기뻐할 때 짜릿함을 느끼기 때문이지요. 전문가에겐 작은 봉사이지만 받는 우리에겐 매우 큰 도움이 되겠죠? 탐구나 공부 중에 어려운 것이 생기면 과감하게 주변 인재 활용 기회를 쓰도록 하세요. 공부도 더 잘되고 그 사람과 더 가까워지는 좋은 계기가 된답니다.

발명 선생님

물리 전공 대학생 형

>  호호샘의 친절한 참견
>
> 주변 인재를 활용하여 정보를 얻거나 작은 도움을 받는 것도 좋지만 기회가 된다면 아이와 함께 체험이나 여행을 떠나게 하는 것도 좋아요. 물리를 너무 좋아하는 자녀에게 주변의 물리 전공 대학생 형과 함께 실험할 기회를 준다면 그 무엇보다 즐거운 시간이 될 거예요. 더불어 그 형이 역할 모델이 되어서 자녀에게 새로운 꿈과 목표를 심어주는 좋은 계기가 될 겁니다.

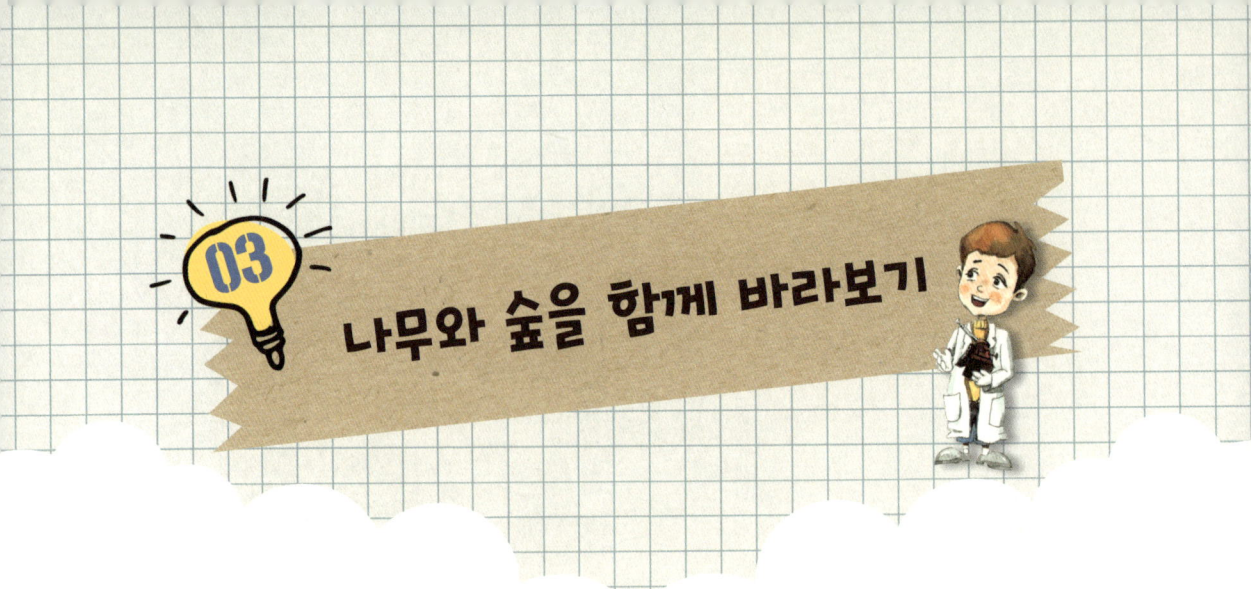

03 나무와 숲을 함께 바라보기

자녀의 관심사도 알았고, 누구와 함께 무엇을 어떻게 해야 할지도 알았는데 구체적인 계획을 세우기가 쉽지는 않을 거예요. 발명이나 탐구, 더 나아가 학업이나 인성, 진로는 한순간에 완성되지 않는답니다. 세계 지도를 펼치듯이 한눈에 볼 수 있는 장기적인 계획을 지니고 있어야 작은 프로그램 하나하나가 더 효과적이고 의미 있게 이루어질 수 있어요.

공간과 시간의 단계를 확장해 나가는 계획이에요. 공간의 경우 작은 공간에서 갈수록 더 넓고 큰 공간으로, 시간의 경우 짧은 시간에서 더 긴 시간으로 이동하면서 자녀의 체험 또는 탐구 계획을 세우는 거예요.

> **공간 확장**
>
> 개인 ➡ 가정 ➡ 이웃 ➡ 마을 ➡ 지역사회 ➡ 나라 ➡ 세계

공간 확장의 경우, 나 자신을 바라볼 수 있는 작은 세계에서 가정, 이웃, 마을 등으로 확대해 나가는 것이에요. 물론 개념적인 것일 뿐, 단계마다 정해진 활동이나 주제는 정하기 나름이랍니다. 나이가 어린 아이들일수록 '함께'라는 개념이 부족해요. 그럴 때는 억지로 공간을 확장해 나갈 필요가 없답니다. 나 자신에게 초점을 맞추어서 '나'를 위한 발명, '나'를 위한 체험 등을 꾸준히 한 뒤, '함께'라는 인식이 생겼을 때, 단계를 확장해 나가면 됩니다. '모두'를 위한 아이디어, '더불어' 살기 위한 과제, 양보와 의사소통, 가장 적절한 방안 찾기 등이 좋은 예가 될 것 같아요.

> **시간 확장**
>
> 30분, 1시간 ➡ 1주일 ➡ 1달 ➡ 3달 ➡ 1학기 ➡ 1년 ➡ 1년 이상

시간을 확장하는 것은 주로 탐구나 실험에서 자주 쓰이는 방법이에요. 처음에는 눈앞에서 바로 결과를 확인할 수 있는 짧은 시간의 탐구를 하는 것이 좋답니다. 아이들은 조급하여 결과를 바로 보지 않으면 흥미를 금방 잃어버리기 때문이지요. 하지만 시간이 지나고 탐구와 실험, 체험의 수준이 높아지면 장기 프로젝트를 스스로 만들어 보는 것이 좋아요. 초파리의 한살이를 관찰해도 좋고 개미의 일생을 탐구하는 것도 재미있을 거예요. 여러해살이 식물을 관찰하며 특징을 기록해도 좋고 한 가지 아이디어를 오랜 시간에 걸쳐 테스트해 보고 보완해 나가는 것도 좋은 방법이 될 거예요. 탐구의 시간이 길어질수록 기대 심리는 높아지고, 긴 시간의 탐구가 끝났을 때 그 기쁨은 이루 말할 수 없답니다.

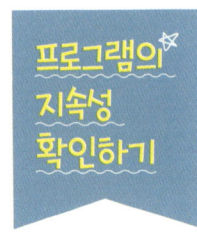
프로그램의 지속성 확인하기

과학관, 연구소, 영재원, 방과 후 프로그램 등을 살펴보세요. 다양한 프로그램이 안내되어 있을 거예요. 물론 아이의 수준에 맞는 프로그램을 찾는 것도 중요하지만 그에 못지않게 프로그램의 지속성을 확인해 보는 것도 중요하답니다.

대부분 일회성 프로그램을 많이 진행해요. 한 번 신청하면 그것으로 끝나고 다음에 이어지지 않는 주제이지요. 예를 들어 풍차 발전기 만들기를 했는데, 발전기의 원리, 풍차 발전기가 환경에 미치는 영향, 화력 발전기와의 차이점, 전기 발생의 원리 등은 배우지 않고 만들기 하나만 하고 프로그램이 끝나는 것이죠. 이러한 일회성 프로그램은 개념의 연계성이 떨어지고 깊은 탐구를 할 수 없다는 단점이 있지만 짧은 시간 안에 흥미를 주고 준비와 소요 시간도 적으며 체험을 통해 하나라도 얻어갈 수 있다는 장점이 있어요. 또한, 부담 없이 접할 수 있으며 다양성이 확보되어 여러 가지를 두루 해 볼 수 있는 즐거움이 있답니다.

자연탐구는 너무 재미있단 말이야~

하지만 하나의 주제를 깊이 있게 알아보는 데 더 효과적인 프로그램은 장기 프로그램이랍니다. 1개월 혹은 3개월, 6개월 또는 1년의 계획을 미리 세우고 주 1회 또는 주 2회 등으로 운영하면서 체계적으로 진행해요. '항공'을 주제로 한다면 항공의 역사, 항공역학의 원리, RC 비행기 만들기, 비행기 창작품 만들기, 디자인 제안하기, 3D 프린트로 나만의 비행기 설계하기 등의 일련의 과정을 거치는 거지요. 때로는 이론교육이 지루한 날도 있고 너무 깊이 있는 지식 때문에 흥미를 잃기도 하지만 교육이 끝난 후에 그 주제에 대해 완전히 학습한 자녀의 모습을 발견할 수 있답니다.

호호샘의 친절한 참견

시립과학관, 국립과학관, 박물관 등에서는 재료비 정도만 받는 비용으로 높은 수준의 다양한 프로그램을 운영하고 있답니다. 이 밖에도 수학, 과학, 미술, 음악 등 여러 분야의 학술단체, 연구단체 등에서 어린이들을 위한 프로그램을 운영하고 있어요. 대부분 선발 과정을 거치지 않고 선착순 접수 또는 차별 없는 무제한 접수로 모든 아이를 교육해 주고 있답니다. 좋은 선생님들이 만든 질 높은 프로그램이며 내 관심 분야에 대해 더 많이 탐구할 기회를 가질 수 있습니다.

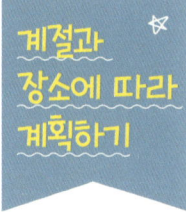

계절과 장소에 따라 계획하기

탐구, 실험, 체험, 놀이를 위한 가장 쉽고 간단한 방법이에요. 계절별로 주제를 정하거나 장소별로 정해 놓으면 계절 변화와 대략적인 장소를 인식하기 쉬워 굳이 주제를 미리 체크하지 않아도 돼요.

계절별

봄 ➡ 여름 ➡ 가을 ➡ 겨울

시간의 흐름에 따라 각 계절에 맞는 프로그램을 만들어 보세요. 봄에는 봄꽃 탐구하기, 나무 심기, 식물의 씨앗 탐구하기, 황사와 미세먼지를 방지하는 창문 발명하기 등을 할 수 있고 여름에는 계곡과 바다에서 재미있는 탐구, 안전하고 재미있는 물놀이 도구 발명하기 등을 할 수 있을 거예요. 미처 다하지 못해도 괜찮아요. 계절은 언제나 다시 또 찾아오니 지나간 계절에 아쉬워하지 말고 내년을 기약하며 주제를 미리 정해 놓아도 좋아요.

> **장소별**
>
> 산, 바다, 강, 들판, 계곡
>
> 농촌, 어촌, 산지촌
>
> 아시아, 유럽, 아메리카, 아프리카, 오세아니아
>
> 적도지방, 온대지방, 극지방

장소를 세부적으로 기록하지 마세요. 큰 장소를 분류해 놓은 것만으로도 충분하답니다. 세부적으로 장소를 정하면 머릿속이 더 복잡해지고 아이디어도 떠오르지 않을 거예요. 또 쉽게 지워진답니다.

예를 들어 농촌, 어촌, 산지촌으로 정했다면 각 촌락을 일일체험 하기, 농촌에서 하는 일 탐색하기, 친환경 해충 퇴치기 발명하기, 트랙터와 이앙기의 원리 알아보기, 농촌 식물의 특징과 활용 방안 알아보기, 더 가벼운 그물 소재 탐색하기 등을 할 수 있을 거예요. 장소를 정해 놓은 것만으로도 많은 활동을 계획하고 실천할 수 있답니다.

관심 분야로 정리하기

여러 방면으로 흩어진 주제를 자녀가 관심 있는 것들만 모아서 다시 정리해 보는 방법이에요. 관심 있는 것들을 하나로 엮다 보면 하나의 줄기를 발견할 수 있답니다. 그 줄기를 따라 캐내다 보면 고구마가 따라 올라오듯 크고 멋진 결과물이 쌓일 거예요.

> **관심 분야별**
> **과목** : 과학, 수학, 언어, 스포츠 등
> **사회과학** : 역사, 지리, 경제, 문화, 시사 등
> **예술** : 미술, 음악, 공연 등

관심 분야를 탐구하는 방법은 주로 박물관이나 체험 학습장, 공연장 견학과 같은 시설을 활용하는 방법, 관련 학문을 직접 공부하는 방법, 일일체험 또는 관련 물건을 직접 만들어 보는 방법, 전문가와 만나는 방법 등이 가장 적합해요. 처음에는 모든 분야가 다 자녀의 관심 분야인 것처럼 보이지만 시간이 지날수록 한두 개의 분야로 좁혀질 거예요. 그 분야가 바로 자녀가 가장 좋아하는 관심 분야이자 꿈과 목표랍니다.